8 décembre 1913

à Conserver.

Monsieur Alfred Beurdeley
79 Rue de Clichy.

P99N

ATELIER

J.-B. CARPEAUX

(Deuxième et dernière Vente)

PARIS 1913

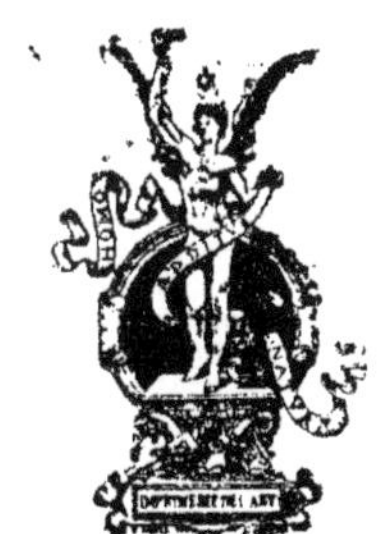

De la "Flore" à la "Danse"

J.-B. CARPEAUX

Carpeaux, avec son *Ugolin*, vient de dire adieu à Rome et à vingt ans d'école.

Maintenant, en dépit de la routine tracassière des bureaux qui jamais ne désarmera, en dépit de la surprise et de l'ignorance publique qui toujours répugnent à la nouveauté des chefs-d'œuvre, sa carrière est faite. Il a eu la bonne fortune d'achever à Rome les bustes du marquis de Piennes, de la marquise de la Valette, de Vaudremer, l'architecte. Ce sont ses passeports dans la haute société qui achète. Il réussit, en arrivant à Paris, le fameux buste de la princesse Mathilde, et voilà renouée la tradition des grands portraits, la chaine de Coysevox, de Pajou, de Houdon.

Si, au Salon de 1863, le bronze d'*Ugolin* ne lui vaut, au lieu de la croix espérée, qu'une première médaille, il s'en console par un voyage en Belgique, à la découverte des maîtres flamands « Memling, Van Eyck, Van Host » et ce Rubens, dont, à Valenciennes, le triptyque de Saint-Amand si souvent l'hypnotisa. Mais à Anvers, avec sa chance habituelle, une cruelle jaunisse l'abat. Il philosophe, sur son lit de Bruxelles, comparant la calme vie des artistes passés à la rafale contemporaine, regrettant cette existence consumée au milieu des crinolines, des omnibus à quinze centimes. Ah! fuir Paris, pour la campagne ou la mer...

***

Ce vain souhait d'un corps qui s'use, Paris le lui fait demain oublier. Il modèle en 1864, les admirables portraits du peintre Eugène Giraud, de M. de Laborde, de Mlle Benedetti. Il expose le plâtre de la *Jeune fille à la coquille*, pendant du *Pêcheur*, un divin morceau où toute la puberté féminine sourit, dans sa candide audace. Le marbre aussi de la *Palombella*... C'est l'époque glorieuse, qui va de la *Flore* à la *Danse*.

Il est présenté à la Cour, invité à Compiègne, à Fontainebleau. Il rêve de fixer, dans un buste digne d'elle, l'Impératrice et sans respect de sa majesté, étudie sur le vif, à petits coups de croquis, le hautain modèle qui bientôt s'humanise, posera, en 1866. On s'amuse, on se scandalise un peu, dans l'entourage, du sans-façon de notre homme, on prend pour un manque de savoir-vivre et pour un signe d'orgueil démesuré, ce qui n'est que rude franchise populaire, sentiment profond aussi que l'Art est un Empire. Les Mémoires, les potins du temps relatent de futiles anecdotes:

Carpeaux, au déjeuner, s'installant de force avec sa glaise, en face de l'Impératrice; et aussi l'argile en tas, sur le marbre d'une précieuse commode Louis XVI; les ébauchoirs prélevés sur le bois des meubles? Ragots indignes qu'on s'y arrete. Mieux vaut retenir ces deux traits, qui peignent avec l'humour et la simplicité de l'artiste, la sympathie des Souverains. Napoléon III, ce rêveur fataliste, qui d'un air absent assiste au spectacle de son [illegible] comme à une comédie dont il ne [illegible] pas les fils, s'est attaché à l'ardente, sincère nature de Carpeaux. D'obscures affinités rapprochent le sculpteur parti d'en bas, et l'empereur de fortune, tous deux poursuivant leur songe au milieu du tumulte des appétits... Un jour, Napoléon prend Carpeaux à part, lui parle longuement. Les courtisans, le colloque terminé, se précipitent: « Qu'a-t-il dit? — Vous me jurez le secret?... Eh bien! voilà!... Il voulait m'emprunter de l'argent! » Blague à froid dont la discrétion naturellement déçoit et irrite...

Un autre jour, rapporte Mme Carrette, Carpeaux, en se levant de la table officielle, fleurit sa boutonnière des violettes impériales. Mais, montées sur tige, leurs brins de jonc dépassaient, au revers de l'habit. On sourit. L'Impératrice le remarque, et s'approchant du sculpteur lui tend les violettes qu'elle tenait à la main: « Je vois bien que vous aimez mes fleurs favorites... Voulez-vous que nous échangions nos bouquets? » On sourit, autrement...

On a conté aussi que peu avant son mariage il avait sollicité de l'Empereur le titre de baron. Ressouvenir des temps qui avaient fait un baron Gros, un baron Gérard!... Mais, songeant sans doute à la boutade de l'Autre: « Si Corneille vivait, je l'aurais fait prince! » Napoléon répondit: « Pourquoi diable baron, vous qui êtes beaucoup mieux que cela! » Qu'importe? Les petites glorioles de Carpeaux, sa gloire les efface. Minuscules taches dans un éblouissement.

***

Cette année 1864 et les suivantes, jusqu'en 1869, Carpeaux les vit, en effet, dans une fièvre lumineuse. Dès la fin de 1863, il est en possession de ses grandes commandes. Un haut-relief pour l'Opéra, groupe de 40,000 francs, une allégorie de la *Musique* (ce sera, après échange de sujet avec le statuaire Guillaume, celle de la *Danse*). Un groupe de 10.000 francs pour l'église de la Trinité, une *Charité* qu'il esquisse en 1865, une femme assise contre laquelle six enfants se pelotonnent, et qui se transforme, devant le refus de l'architecte Ballu, en une statue de la *Tempérance*; enfin l'immense composition du Pavillon de Flore.

Sa Flore, c'est dorénavant — avec le buste et la statue du petit Prince impérial, deux chefs-d'œuvre! — l'obsession quotidienne. Un feu le brûle, active le corps, cette machine jamais bien forte, usée jeune et qui, surchauffée, se détraque. Il rêve, à travers son existence mondaine, un repos, une oasis. « Je perds de jour en jour le désir de la lutte parce que mes forces s'épuisent et que la volonté s'en va. Je n'ai aujourd'hui que le désir de pouvoir élever des cochons, de charmantes poules, d'avoir un cheval, une vache, — et surtout une femme, que mon art m'a toujours refusée! [illegible] me réfugier dans la vérité et dans la vraie vie ». Lettre à Bruno-Chérier, 30 septembre 1864). Un instant même, il croit l'avoir trouvée dans une jeune fille que son ami, sur ces entrefaites, lui a cherchée et dont il lui fait « une touchante image ». « Elle remplira mon âme d'une sainte émotion, et je grandirai sous l'empire de mon amour ». C'est alors, sans doute, qu'il jette dans un de ses carnets — ses fidèles et innombrables carnets! — cette émouvante pensée: « Celui qui aime grandit par là même son cœur ». Sincérité très noble, ingénuité ardente et qui sont, simplement, la marque d'un grand cœur... Mais le mirage, à nouveau, s'évanouissait. Carpeaux se plonge tout entier dans son travail, d'où bientôt sortent les immortelles sculptures — honneur de l'art statuaire français — qui illustrent le Pavillon de Flore.

Le fronton si grave et si vivant, avec la France impériale et les grandes figures couchées qui égalent celles du tombeau des Médicis, la frise des six petits génies jouant dans la lumière, et surtout la Flore agenouillée dans les fruits et les fleurs, ouvrant ses bras éblouissants de déesse à la ronde turbulente des enfants, rien, dans notre répertoire national de chefs-d'œuvre ne se compare jusqu'ici pour la vie, le mouvement, la force, la santé, la grâce, à la page qui respire là! Et rien ne s'y pourra jamais comparer que les deux autres pages maitresses de Carpeaux même. En attendant la *Danse* et la fontaine du Luxembourg, l'homme de la *Flore* a renouvelé l'art de Puget et de Rude. Il a cette fois réussi « à dire d'un seul coup ce qu'une époque n'exprime pas dans un siècle ». Il a fixé, dans le cours des siècles, son époque. Son nom est planté comme un drapeau, sur la plus haute cime.

On ne peut s'empêcher de sourire, en songeant que l'architecte Lefuel prétendait rogner la magistrale figure; elle dépassait, déparait à ses yeux l'ensemble. Napoléon III en personne dut intervenir. Un matin, il monte, de son pas lent, aux hautes échelles de la logette, donne raison, avant le public, à l'artiste (enragé de ces coups d'épingles). Il baptisa même l'œuvre, dit-on: *Le Triomphe de Flore*, Triomphe du génie sur l'ornière!

Les modèles en plâtre, avec le Prince impérial et son chien Néro, avaient figuré au Salon de 1866. Le 15 août, le nom de Carpeaux, avec la croix de chevalier, honore les fastes de la Légion d'honneur; il a son atelier à l'orangerie des Tuileries donne des leçons au petit Prince; « Loulou », sous sa direction, commence à ébaucher. Cependant comme pour se délasser de l'immense labeur du Pavillon de Flore, il se jette, à corps et à cœur perdu dans celui de la *Danse*.

Le Triomphe de *Flore* l'a laissé modeste: « Que suis-je auprès de Michel-Ange? Où est mon tempérament? Où sont mes inspirations poétiques? En un mot qu'ai-je fait depuis mon retour en France? Rien, je suis désolé, car je me vois enfoncé dans un cercle de fer que je ne puis briser. Baste! je sauterai par dessus à un moment donné. » Ces crises de désespoir succèdent à l'ivresse de créer, cette exaltation d'une âme inquiète, et, dans le moment même qu'elle défaille, ce sursaut de la volonté, voilà peinte par elle-même, toute cette nature tourmentée.

Commencée dès 1867 dans son atelier du faubourg Saint-Honoré, au fond d'une vieille maison (disparue depuis), la *Danse* est en 1868 transportée dans la nouvelle demeure, une construction bâtie à Auteuil, sur le plan d'un de ses frères, aide architecte chez Vaudremer. Carpeaux qui à l'Exposition Universelle de 1867 rayonne avec le marbre d'*Ugolin*, du *Pêcheur napolitain*, de la *Rieuse* (l'Ann Foucart modifiée), avec les bronzes de Giraud, de Vaudremer, de Beauvois, est alors en relation avec A. Rainbeaux, l'écuyer de l'Empereur, dont il achève pour le Salon de 1868, le buste, en même temps que celui de la duchesse de Mouchy.

C'est de M. Rainbeaux qu'il achète avec une petite maison, le vaste terrain en friche situé près des fortifications, au 71 de la rue Boileau (aujourd'hui 39, boulevard Exelmans). Coin perdu, tranquille, au bout de Paris, qu'il aime pour sa solitude, l'air campagnard, le Bois proche. Il a enfin ses poules, il plante, de ses mains des arbres... Tout près, à Boulogne, habitent aussi son frère Charles, le violoniste, qu'il aime bien, et les vieux parents. Il sont revenus d'Amérique, liés à la grandissante fortune, — une fortune qui souvent confine à la pénurie! Si bien qu'on voit ceux qui si longtemps ont reçu, parfois rendre, sous la forme de prêts dans lesquels ils entendent rentrer, avec usure. Carpeaux, généreux, dépense sans compter, endosse à tout propos des billets, se ruine en travaux sans cesse refaits qui multiplient les frais des praticiens. Vie insouciante, bon enfant, joyeuse, vie au jour le jour, et aux rudes lendemains.

La *Danse* cependant avance. Après mille débats amicaux avec Garnier, l'architecte de l'Opéra, Carpeaux a fini par réduire son bouillonnant projet (jusqu'à dix-sept figures!) aux proportions définitives, — débordant de cinquante centimètres encore l'ordonnance voulue. « Dès le matin en veston, pipe au bec, le col lâche, — écrit Léon Riotor, qui a recueilli les souvenirs d'un des élèves du maître, Emile Leysalle, — il travaillait avec de grands gestes, des reculs, des clignements d'yeux... Son ébauchoir était un bout de latte arraché au treillage voisin, alternant avec les doigts mouillés de salive. L'air un peu militaire, il se cambrait, il se piétait, à la fois brusque et timide... Sa chanson favorite était *Cheval et Cavalier*, de Gustave Nadaud. »

Cette évocation du sculpteur à la besogne, il la faut compléter par la vision d'E. Chesneau : ce « modelé à la boulette » dont Carpeaux use, pour rendre la « palpitation de l'épiderme », accumulant les petites touches, que sans cesse il pose, écrase du pouce, et qui accrochent la lumière, lui donnent des vibrations perceptibles à l'œil, comme une simulation du mouvement. « Joignez-y ces yeux » qui luisaient comme des « escarboucles », dévoraient le modèle...

Le Tout-Paris impérial défile dans cet atelier où le génial artiste, portes battantes, poursuit son œuvre. Sébastien Visat, le beau menuisier, dresse le torse du jeune Génie au-dessus des splendides corps nus, immobilisés dans leur ronde. On va, on vient, on fume, on cause. Entre deux théories sur l'art, Carpeaux, d'un mot plaisant, parfois d'un doigt de champagne, éveille la fatigue de ses danseuses. Il n'en faut pas plus pour accréditer cette accusation d'orgiaque, qui accueillera le Groupe lorsqu'il sera, enfin, en place. Il ne se décide que désolé, à le lâcher ; il ne lui semble pas encore au point.

***

L'énorme labeur, avec la difficile transposition du plâtre à la pierre dans une œuvre si mouvementée, avait depuis trois ans absorbé, en sus des quarante mille francs alloués, soixante-dix mille francs de sa bourse personnelle, sans compter on ne sait combien d'avances et d'emprunts. De cette dernière année de formidable travail, — où il parvient à donner encore au Salon les extraordinaires bustes de Charles Garnier et de la *Négresse*, — de cette année où il exécute aussi l'admirable fronton de l'hôtel de ville de Valenciennes, et où, pour un monument projeté dès 1860, il recommence un délicieux Watteau, Carpeaux, son rêve incarné, se réveille ruiné.

Et cela au milieu du plus incroyable et du plus inattendu tapage. La *Danse*, — qui le croirait? — fait scandale, soulève une tempête d'indignation. Hors quelques rares clairvoyants, la critique en masse, de l'autorisée à l'obscure, clabaude et se voile la face. Paul Mantz prévoit que sitôt la danseuse de droite conduite au poste pour ivresse manifeste, le groupe s'écroulera. *Deliver us from us !* s'écrie un autre

L'opinion publique s'émeut, et, avec elle, toutes les rancunes de la jalousie et de la médiocrité. C'est une curée! Les mamans écartaient leurs fils de la façade et les Tartufes baissaient obliquement les yeux. La foule s'attroupait. Une main imbécile et grossière, une nuit, crut même venger la morale outragée, en lançant contre les divines figures, par-dessus la balustrade qui les protégeait, une bouteille d'encre qui s'écrasa, en larges taches. La rumeur fut si forte que loin d'obtenir, comme il l'espérait, le prix de cent mille francs fondé en 1864 par l'Empereur — il fut donné à l'architecte Duc, — Carpeaux, en dépit des efforts de Garnier, se vit retirer, par le maréchal Vaillant, jusqu'à sa commande! On décida que le groupe attentatoire aux purs principes serait enlevé, remplacé par un plus décent, commandé au sculpteur Gumery. Même, craignant de voir les Bacchantes, qu'on parlait de recueillir dans l'Opéra même, profaner le Foyer de la Danse, la pudeur alarmée des Rats, très haut, protesta...

Gumery est mort, et le groupe où l'on voulut voir le plus bas matérialisme, alors qu'il n'exaltait que la féconde puissance et la joie sacrée de la vie, l'immortelle *Danse* resplendit, sur la façade qu'elle illumine. Il ne reste de cette aventure qu'une humiliante leçon pour la critique, et le fier mot du maître à qui l'on s'étonnait de voir refuser l'offre de je ne sais quel confiseur réclamier, pressé de reproduire le fameux groupe en sucre ou en chocolat : « Votre nom aurait été dans toutes les bouches... — Plaise au ciel qu'il soit un peu moins qu'il ne l'est dans les bouches, et que je le sache un jour un peu plus dans les cœurs ! »

Victor Margueritte.

[illegible] exposition,

106 Décoration pr le fronton du Pavillon de Flore.

45 Bacchante aux roses. 1ere épreuve pr la fonte

159 Étude pr le Jugement dernier de M. Ange. (Dessin crayon rehaussé)

182 Personnages politiques. Caricatures 6 portraits Gambetta. Crémieux. Le Prince Jérôme etc.

Milieu 14. Le pêcheur napolitain Modèle bronze.

16 Le génie de la Danse. Plâtre Réduction

13 La jeune fille à la coquille Modèle bronze.

Vitrine Médaillons.

382.

7 L'amour à la folie. Plâtre. 1 épreuve ayant servi à la fonte. Milieu

18. Le marchand de poissons. Terre cuite pr la fonte.

100. Suzanne surprise. Maquette Plâtre

6 Ugolin et ses enfants. Plâtre. Réduction

107 Taureau Couché. Étude pr le Pavillon de Flore.

8 Daphnis et Chloé. Plâtre Réduction.

27 Masque de l'Empereur Napoléon III Moulage fait après la mort.

9 Daphnis et Chloé. Plâtre Variante du 8.

270 Curieux. Dessins par Eugène Delacroix. Dessin d'anatomie.

1[illegible] Chevaux dans la Campagne Romaine. Peinture à [illegible]

1[illegible] Tête d'Italienne. Toile. Expo Ec des B A. Déjà marqué — [illegible]

1[illegible]8 Coucher de Soleil. Toile Expo Ec des B A. à [illegible]

1[illegible] Paysage Italien. Toile. Étude faite à Rome. [illegible]

Mes desiderata

22. Le Prince Impérial au Chapeau. Statuette Plâtre
8. Daphnis et Chloé. Groupe Plâtre original
9. — id — — id — id. Variante du précédent
119 – La Danse En grisaille – une femme teintée –
124 – Tête d'Italienne. Toile sur carton –
127 – Roses dans un verre –
128 – Paysage – Coucher de soleil.
ou 131 – Paysage Italien (fait lors de son séjour à Rome –

163 Les enfants de Carpeaux dormant.
165 – Femme couchée –
180 Etude pour le fronton du Pavillon de Flore –

ATELIER

J.-B. CARPEAUX

(Deuxième et dernière Vente)

Achats.

58.	Buste de Chardon Lagache	450.
180 –	Etude pr le Pavillon de Flore	300.
127	Roses dans un verre	3020.
150.	Pont de pierre sur un cours d'eau	760.
		4530
		453
		4983

CONDITIONS DE LA VENTE

Elle sera faite au comptant.

Les acquéreurs paieront 10 o/o en sus des enchères.

AVIS

Les œuvres de Carpeaux, comprises au présent Catalogue, sont vendues sans aucun droit de reproduction, en quelque matière et en quelque grandeur que ce soit (à l'exception des cuivres pour eaux-fortes).

NOTA

Toutes les sculptures non signées, à part les modèles en bronze, sont revêtues d'un cachet ovale, soit en cuivre, soit en cire, et portant l'annotation : ***Propriété Carpeaux***. Ces deux mots séparés par un aigle, les ailes éployées.

Les dessins et albums de Carpeaux, figurant au présent Catalogue et qui ne sont pas signés par l'artiste, portent l'estampille aux initiales ***J. B. C.***, entrelacées.

Les héritiers de Carpeaux se réservent, vis-à-vis des acquéreurs, le droit de reproduction des nos 125, 156, 160, 161, 234, 239, 240, 242 (9 pièces), 253 (5 pièces), droit strictement limité à la publication prochaine d'une édition de luxe, ***à tirage restreint***, d'une ***Histoire du Siège et de la Commune de Paris***, par M. Victor Margueritte.

Imprimerie de l'Art. — Ch. Berger, 41, rue de la Victoire, Paris.

ORDRE DES VACATIONS

LUNDI 8 DÉCEMBRE

Sculptures . . . . 1 à 116

MARDI 9 DÉCEMBRE

Tableaux et dessins par Carpeaux . . . . 117 à 255
Cuivres gravés pour eaux-fortes . . . . 256 à 259
Dessins par Eug. Delacroix . . . . 260 à 292

1ère Vacation — Sculptures — 160 000f environ
2e Vacation — Tableaux et Dessins —

Produit 239.974

ATELIER J.-B. CARPEAUX

CATALOGUE

DE

SCULPTURES ORIGINALES

TERRES CUITES, PLATRES, BRONZES

Groupes, Statuettes, Bustes, Médaillons, Esquisses

TABLEAUX ET DESSINS

Par J.-B. CARPEAUX

Dessins par Eug. DELACROIX

DONT LA VENTE AURA LIEU A PARIS

GALERIE MANZI, JOYANT

15, rue de la Ville-l'Évêque

LES LUNDI 8 ET MARDI 9 DÉCEMBRE 1913, A 2 HEURES

COMMISSAIRE-PRISEUR

Me Henri BAUDOIN, Successeur de M. PAUL CHEVALLIER

10, rue de la Grange-Batelière

EXPERTS

MM. DURAND-RUEL & FILS
16, rue Laffitte
PARIS

MM. J. & G. BERNHEIM JEUNE
25, boulevard de la Madeleine
et 36, avenue de l'Opéra

EXPOSITIONS

PARTICULIÈRE : *Le Samedi 6 décembre 1913, de 1 h. 1/2 à 6 heures*

PUBLIQUE : *Le Dimanche 7 décembre 1913, de 1 h. 1/2 à 6 heures*

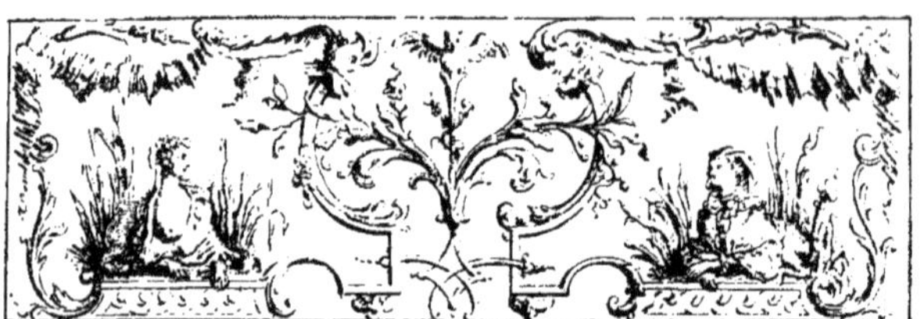

PRÉFACE

Je signalais, le 30 mai dernier, cet événement sensationnel : la dispersion des principaux chefs-d'œuvre de Carpeaux. L'exposition, qui précéda la vente, fut un triomphe. Dans cette galerie Manzi, cadre à souhait pour le merveilleux ensemble, il semblait qu'on assistât à une révélation : le génie de Carpeaux surgissait, vivant. Beaucoup criaient au miracle, comme s'ils découvraient, brusquement, les dons radieux du statuaire illustre.

Trente-neuf ans après le rayonnement de cette vie, et au lendemain des commémorations d'où, à l'École Nationale des Beaux-Arts, à la Centennale, au Salon d'Automne, à Londres, à Bruxelles, au Jeu de Paume, le noble nom ressuscitait, chaque fois plus éclatant et plus jeune, — pourquoi, succédant à ces baptêmes du temps, cette sorte de surprise devant l'éclat de la consécration définitive ?

Hélas ! nous vivons si vite, tant d'éphémères réputations nous sont imposées, d'un jour à l'autre, un si trépidant chaos nous emporte que, pour le commun des mortels, Carpeaux reste uniquement « l'homme de la *Danse.* » Bien peu ont pénétré toute l'œuvre. Et puis un insuffisant recul nous sépare des jours qui revivent là sans qu'aient disparu, de la scène actuelle, tous les acteurs que le Maître modela. Pour que le soleil des morts, la Gloire, enveloppe de sa pleine lumière les figures qu'il a choisies, il faut qu'il se dégage des brumes du crépuscule, monte haut, sur l'horizon. A présent, c'est chose faite, pour Carpeaux. Après l'épreuve de l'ombre, celle du feu : il a rejoint Rude et Barye, dans cet éblouissant empire où l'art du XIXe siècle réserve une place encore à Rodin.

Cela n'empêchera peut-être point ceux qui admirèrent, si passionnément, et qui se sont disputé chez Manzi une partie des reliques pieusement gardées jusque-là, dans l'atelier du boulevard Exelmans, de s'étonner à l'annonce d'une nouvelle exposition, si proche de la première. Nous ne connaissons plus, de nos jours, ce qu'est capable de réaliser le formidable labeur du génie, quand il n'a pu, ni voulu, s'accorder aucune trêve, et quand il eut surtout, pour s'exprimer, plusieurs modes.

A côté de Carpeaux sculpteur, il y a, non moins extraordinaires, Carpeaux peintre et Carpeaux dessinateur. Un maître complet et une œuvre immense. Le plus frappant exemple de ce que peut la volonté au service d'une foi. Pauvre et de « petite extrace », comme disait Villon, c'est de son seul et tenace effort que le petit Valenciennois, s'arrachant à l'ornière, fraye la route devant lui. Rien de tel, pour passer maître, que la rude école de la nécessité. On y reste, ou bien l'on en sort trempé. Cette vie courte fut remplie d'autant d'œuvres que de jours. C'est pourquoi, après avoir enrichi nos musées et nos palais, elle suffit à alimenter, coup sur coup, deux grandes ventes, sans épuiser l'admiration.

Et sans doute elles sont à jamais dispersées, ces pièces capitales qui firent l'attrait de la vacation de mai, et qui eussent dû faire l'orgueil de nos musées, si, plus français qu'eux, un musée danois ne s'en était assuré la jouissance. Où s'en ira, disais-je avec l'espoir que l'État les saurait garder, la divine *Danse*, éternisant dans sa rose terre toute la grâce féminine, avec l'allégresse de vivre ? Où s'en ira l'*Ugolin*, digne de Michel-Ange ? Il faudra dorénavant faire le voyage de la Glyptothèque, à Copenhague, pour revoir ces chefs-d'œuvre, au milieu de ceux qu'avait assemblés déjà le culte avisé de M. Jacobsen (1). Constatation mélancolique. Est-ce que, si bien représenté que puisse être dans nos galeries un sculpteur comme celui-ci — et en dépit de la salle Carpeaux au Louvre, et du Musée Carpeaux à Valenciennes — une nation ne devrait pas toujours tenir à honneur de conserver à sa race l'essence même de son génie ? Est-elle jamais assez riche de tels trésors ?

Il subsiste en effet, tant était opulent le sanctuaire du boulevard Exelmans, de quoi illustrer, avec toute la série des maquettes, avec nombre de statuettes charmantes, la collection de sculpture la plus belle, comme, avec la série saisissante des peintures et des dessins, de

(1) « Il reste même à savoir si ces deux dernières acquisitions ne sont pas tellement importantes dans la production de Carpeaux, que cet artiste se laisse maintenant mieux étudier dans la Glyptothèque de Copenhague qu'en France. » *Nationaltidende*, 25 juillet 1913.

quoi composer un musée inattendu, d'où un Carpeaux nouveau, maître de la couleur et des lignes, sort criant de vie, aussi ardent, aussi profond, aussi émouvant que l'animateur de la *Flore* et le magicien de la *Danse*.

La sculpture d'abord.

Ces maquettes où dans la terre séchée palpite nue la première vision ! Ce limon encore frémissant qui garde, avec l'empreinte des doigts, l'âme créatrice !... Boulettes fébrilement pétries, « ébauches de statues jamais faites, idées entr'aperçues, » (1) — tout le passionnant secret de la gestation, tout un monde de menus chefs-d'œuvre : les formes en travail, le mouvement cueilli, la pensée dans sa fleur...

Puis ce sont, plâtres ou cires, les originaux en grandeur naturelle ou en réduction de bon nombre d'œuvres célèbres, leurs variantes heureuses, leurs esquisses : *Paul et Virginie*, le *Projet de Décoration pour l'Hôtel de Ville de Valenciennes*, les *Quatre Parties du Monde*, l'*Enfant au Cor*, les charmants Napolitains, le *Rieur* et la *Rieuse* (plâtres et bronzes)... Voici, en réduction encore, des plâtres originaux de *Daphnis et Chloé*, du *Chinois*; des bronzes de l'*Amour désarmé* et de la *Jeune fille à la Coquille*... Voici une pièce tragique qui relève de l'histoire avant l'art, le *Masque de Napoléon III*, moulage en plâtre fait par Carpeaux après la mort de l'Empereur. Voilà enfin les étonnants portraits, en réductions originales : l'*Alexandre Dumas fils*, — celui-ci portant en dédicace : « *all' Huomo penserioso* », en face duquel Dumas lui-même disait : « Ce diable d'homme fait plus vivant que la vie » (2) — la *Duchesse de M...*, *Mademoiselle F...* — et l'*Espérance* et l'*Amour à la Folie*, et les médaillons... morceaux admirables, dont on avait, en mai, remarqué l'absence.

Voilà de quoi, n'est-il pas vrai, satisfaire ceux qui ont souci de la gloire du maître, les plus difficiles fervents.

.·.

La peinture, maintenant.

Carpeaux, on le sait, c'est le Second Empire tout entier, incarné dans la terre et le plâtre, dans le bronze et le marbre. Ces dures, ingrates matières, elles bougent, frissonnent avec l'heure fixée, en son immobile survie. Les critiques les plus autorisés ont noté cette identification.

« La carrière de Carpeaux, — écrit Gabriel Hanotaux, qui ne craint

(1) Maurice Guillemot. — Préface du catalogue de l'Exposition des œuvres de Carpeaux à l'École Nationale des Beaux-Arts. Mai 1894.

(2) J. Claretie *Le Temps*, 16 mai 1913.

« pas de le comparer à l'observateur Taine, — se limite aux dix-huit « années du Second Empire, qui vit surgir une démocratie et s'écrouler « une légende. Tout ce que cette époque eut de séduisant et de décevant « palpite dans son œuvre... Carpeaux est aussi d'une intelligence singu- « lière, d'une acuité presque déconcertante... Rien ne lui échappe, son « imagination douloureuse pénètre tout, dévoile tout, déshabille tout. « Le trait caractéristique le frappe tout de suite. Et comme il travaille « avec passion, avec enthousiasme, la saillie physique et morale surgit « violemment. Il sent et il crée intense (1). »

De même, le savant M. André Michel a noté : « S'il est vrai, comme « veut Stendhal, que le but essentiel des œuvres d'art soit de nous « représenter la manière habituelle dont les hommes et les femmes, pour « qui ces œuvres furent faites, cherchèrent ou rêvèrent la beauté, c'est « dans l'œuvre de Carpeaux qu'on trouvera, comme dans un témoin « fidèle, une part de vraies « Confessions » du Second Empire (2). »

Gustave Geffroy observe enfin, de son côté : « La particularité du « génie de Carpeaux est aujourd'hui précisée. C'est l'expression, la péné- « tration d'un milieu. C'est son aliment, sa force trouvée dans l'instant ; « c'est sa date... La sensation qu'on emporte, c'est que l'on vient de « vivre le Second Empire, c'est que Carpeaux est très fortement, très « profondément, un homme de ce temps-là, un artiste sans cesse ému « par la vie directement observée et ressentie, et qui devient tout à « coup, par la reculée du temps, un historien (3). »

Un historien, et le plus évocateur qui soit! Un historien à la Michelet, mais puisant à la source vive, non au fleuve séché des bibliothèques. Or, ce qui est vrai de Carpeaux sculpteur, ne l'est pas moins de Carpeaux peintre. Et, peintre, il le fut toute sa vie. Il l'est splendidement, dès la Villa Médicis, depuis cette *Vue du Tibre* et cette *Messe de minuit à Rome* (4), digne, celle-ci, du plus impressif Manet, et, celle-là, du plus large Corot, jusqu'à l'admirable portrait de sa fin, — effigie émouvante où dans les traits ravagés, les joues creuses aux dures pommettes, le front puissant, les mèches grises, et dans le regard brûlant sous les paupières clignées, se débattent aux prises l'amertume de la mort proche, et le sursaut de la vie, dardant sa suprême flamme.

(1) Gabriel Hanotaux. — Carpeaux. *Figaro*, 4 juin 1912.

(2) André Michel. — Jean-Baptiste Carpeaux. *Revue Hebdomadaire*, 9 mars 1912.

(3) Gustave Geffroy. *Préface de la galerie Carpeaux*, par *Ch. Carpeaux*.

(4) *La Messe de minuit à Rome* est de 1859, et Manet débute, inconnu, au Salon de 1861.

Les parents de Carpeaux qui eussent aimé le voir géomètre, ou décorateur, rêvaient surtout de faire de lui un architecte. C'est donc à la pierre que dès l'enfance il est voué. Heureusement il cachait toujours dans ses poches un crayon, — et de griffonner! En 1848, — il a vingt et un ans et n'a pas encore manié le pinceau, — il parie avec son ami Bruno-Chérier de peindre, dans le tableau que prépare celui-ci, la figure centrale. Et c'est *le Vieux Sergent*, conservé au Musée de Valenciennes. Gauche début de tant de toiles où la vie, — il faut toujours en revenir là avec Carpeaux, c'est l'expression-type, — se meut avec tant d'aisance qu'elle n'est jamais arrêtée, continue de vivre.

La peinture, il l'adore comme un amoureux jaloux de ne pouvoir jamais assez posséder sa maîtresse. A Rome, il peint à chaque répit de l'ébauchoir. Il fait, en 1863, un voyage spécial en Belgique pour étudier Rubens, ne quitte pas le pinceau durant ces semaines enivrées. « J'ai barbouillé des toiles, écrit-il à un ami. On dit que je fais de grands progrès en peinture. Est-ce vrai? Cette étude me procure des charmes qui remplissent mon âme d'une secrète espérance. J'aime cet art avec passion. Il me révèle plus que ma chère sculpture. » Sa chère sculpture! Parfois, aux soirs de lutte, nous la lui entendons maudire, il déplore de n'avoir pu se donner tout à la rivale qui le captive.

« Il aime la pâte généreuse qu'il manie avec une virtuosité instinctive, et qu'il jette sur la toile comme les boulettes de terre d'une maquette, en taches, en éclaboussures, en larges coulées. Même dans les esquisses les plus sommaires, la structure est d'un sculpteur, mais la sensation initiale est bien d'un peintre qui part d'une vision colorée des choses et que préoccupe le problème de l'éclairage... Si c'est à la matière et aux moyens de la sculpture qu'il a confié ses créations les plus fortes, il a toujours eu un œil de peintre, sensible au spectacle fugitif et toujours renouvelé de la vie. Il eut le don, et il voulut l'avoir (1). » C'est ainsi que s'exprime, avec autorité, M. Paul Jamot, le distingué conservateur adjoint du Musée du Louvre, dans une remarquable étude sur Carpeaux peintre.

Ses maîtres? Incontestablement d'abord Michel-Ange, son Dieu, aussi bien dans l'œuvre picturale que dans l'œuvre sculpturale. Puis Delacroix, dont l'influence est flagrante (2). Enfin, et sans cesse, celle des

(1) Paul Jamot. *Gazette des Beaux-Arts* : Carpeaux peintre et graveur. Sept. 1908.

(2) Aussi bien trouvera-t-on au catalogue, parmi les dessins de Carpeaux, tout un lot remarquable d'originaux de Delacroix. Carpeaux l'aimait, non moins pour sa couleur que pour sa science, et s'était plu à recueillir pieusement tout ce qu'il avait

grands maîtres flamands, pas à pas suivis, approchés dans ses études. Carpeaux d'ailleurs n'est-il pas né sur la marche de ce pays de Flandre, imprégné du sang espagnol ? Il n'a, pas plus que Manet, vu jamais le Musée de Madrid, et comme lui pourtant il a, avec les maîtres de Madrid, une affinité. Legs lointain de l'atavisme ? Hautes parentés de l'esprit ?...

« Il cherche d'instinct la tonalité chaude, la couleur cuite, les taches éclatantes sur des dessous sombres et roux. Il pouvait avoir sur Manet la supériorité d'une construction sûre, et il joignait à cette solide vertu des facultés brillantes et diverses, le sens voluptueux de la beauté féminine et même des élégances mondaines, le don d'évoquer le tumulte des foules » (1).

Certes, si l'on songe à l'œuvre sculptée, il serait puéril de regretter que Carpeaux n'ait pu se livrer davantage au démon de la couleur. Peut-être même le jailli, l'inachevé contribuent-ils à donner, à ses portraits comme à ses esquisses si diverses, cette espèce d'irrésistible attrait que le rêve ajoute, au point de départ de la réalité. Et pourtant, devant les prestigieuses toiles du Louvre — les deux « *Bals aux Tuileries* » — et devant le célèbre « *Bal dans la Salle des Maréchaux* » — un des bijoux de cette vente — on ne peut s'empêcher de se dire : « Quel peintre ! Et quel dommage que semblable à son grand ancêtre, le Valenciennois Watteau, dont il se plut à ressusciter la fière et fine silhouette, il n'ait pas eu le temps d'envelopper, d'une lumière féerique toute la vision de cette époque — ombres dorées de nouvelles *Fêtes galantes* que guette, au tournant de l'heure, le destin tragique ! »

On se souvient de ces joyaux du Louvre (2). Ils étincellent. Dans l'un, une magicienne passe ; c'est la comtesse de Castiglione au bras de l'Empereur distrait. Un manteau vénitien flotte sur l'uniforme de Napoléon III. Acteurs falots d'un grand drame. Le couple avance, spectral, dans une cour de gloire, sous la splendeur des hauts plafonds... Dans l'autre, l'Impératrice Eugénie, onduleuse, altière, ouvre le bal. Svelte et droit, son cavalier (c'est l'Empereur Alexandre) domine avec

pu du labeur du grand artiste. Que de fois s'est-il émerveillé devant ces feuilles magistrales où, à l'encre, au crayon, à la sanguine, avec une précision saisissante, un membre écartelé palpite encore, où un mouvement est étudié, de l'épiderme à la moelle des os !... Documents doublement précieux, ces pages qu'illustrèrent la main de Delacroix et le visage penché de Carpeaux !

(1) Paul Jamot. *Gazette des Beaux-Arts*. Ibid.

(2) Entre parenthèses, ils sont accrochés trop haut, loin du regard, au-dessus de deux Diaz (dont les salles Thomy-Thiéry regorgent) et, d'ailleurs, d'intérêt moyen.

elle le gala, le salut ployant des habits de cérémonie, les épaules nues dans les dentelles... Ce sont des vivants et ce sont des fantômes. Ils vont dans un éblouissement. On ne sait s'ils vont se préciser, ou s'évanouir. Au chatoiement de cette étrange clarté, une ténèbre secrète s'infuse.

Vision, ai-je dit... C'est le mot. Un visionnaire, seul, a pu rendre l'enchantement de cette poésie, qui serre le cœur. La même atmosphère poudroie autour du « *Bal dans la Salle des Maréchaux* ». Les souverains, sur une estrade, contemplent la foule tournoyante et parée, cette sarabande qui, en riant, roule au gouffre. Il n'y a là que de la joie et des rires, et je ne sais quel vertige aussi qui avertit que dans cet air léger, l'invisible plane. Inconscience et fatalité. Le regard qu'on jette sur cette espèce de Danse des Morts, si lumineuse, une mélancolie poignante le prolonge.

La place de ce chef-d'œuvre, dont la réapparition à l'Exposition du Jeu de Paume suscita tant d'enthousiasme et de compétitions, n'est-elle pas marquée ? Et ne serait-ce pas, vraiment, une perte publique si nous lui voyions prendre tout autre chemin que celui de sa maison : le Louvre ? Celui-ci pourrait encore s'enorgueillir, à juste titre, de plusieurs autres toiles, non moins précieuses, dans cet étonnant ensemble pour la dernière fois réuni, et dont la plupart des savoureux morceaux sont connus depuis la belle Exposition rétrospective organisée au Salon d'Automne de 1907 par les soins de M. Édouard Sarradin (1).

C'est la fameuse grisaille de la *Danse*, où l'un des corps de Bacchante s'enlève en chair — étude admirable qui, une fois déjà, avait quitté la galerie d'Auteuil et que Mme Carpeaux, revoyant à la Rétrospective, voulut à tout prix replacer parmi les chefs-d'œuvre conservés sous le toit familial. Voilà des visions de nuages, d'exquis portraits tels que cette tête d'*Italienne*, celui de *Mlle Barbe de M..*, de puissantes études d'après Michel-Ange, le Corrège, Rubens, des paysages, des esquisses... Voilà ces « *Roses dans un verre* », toile surnaturelle qui fait songer, avec plus d'éclat, au doux modèle de Carrière. Des scènes religieuses, des *Pieta* dramatiques, d'une douleur si passionnée. Un étonnant *Départ de troupes dans le brouillard*...

(1) En dehors du Louvre, des morceaux de peinture admirables et des dessins ont déjà été dispersés chez des collectionneurs tels que MM. Leprieur, Jacques Doucet, Henry Lapauze, Paul Jamot, Guiffrey, le baron Reinach, Beurdeley, baron Vitta, baron Alphonse de Rothschild, Raymond Koechlin, etc., etc.

Des sculptures sont entrées dans les galeries du baron Robert de Rothschild, de la comtesse Rœderer, Mme Chadbourne, Mme Mahieu d'Andress, MM. Chouanard, Paul Lillaz, Laffon, Gulbenkian, etc., etc.

M. Gulbenkian a déposé au Louvre ses acquisitions les plus importantes : *La Flore accroupie*, marbre, *L'Amour blessé*, modèle en bronze, et le buste de *Bruno Chérier*, plâtre original.

Voilà enfin, pour résumer ces notes trop brèves sur Carpeaux peintre, les plus prodigieux « essais » qui se puissent voir, les inappréciables témoins de ce qu'a été, et ce qu'aurait pu être dans cet art un frère des Manet, des Ribot, des Ricard, et qui, sans doute, les eût tous dépassés, si son autre vocation, l'élevant aux sommets, lui eut laissé le loisir de prendre toute sa place.

Place à part, singulière, et très haute.

⁂

Restent les dessins.

J'ai dit, dans une précédente page (1), le miracle de ces milliers de croquis pris au jour le jour, et à la diable, toute une existence durant. Point d'heure sans un trait. C'est ainsi que Carpeaux amassa, infatigablement, ces fulgurantes observations, au hasard d'innombrables feuilles volantes, et dans la série de ces calepins de poche qui jamais ne le quittaient. On en compte des centaines. Rien qu'à Valenciennes 107 réduits à 104 par les feuillets détachés et exposés; quantité au Louvre et à la Bibliothèque des Beaux-Arts. D'autres encore et ce ne sont pas les moins précieux dans les mains de ses enfants.

C'étaient, ces humbles carnets, sa glorieuse carte d'identité. Ils portaient souvent, de cette nerveuse écriture dont il barrait le papier bleu, blanc, ou quadrillé : « A rapporter, en cas d'accident, à J.-B. Carpeaux, » et l'adresse. Dessins mêlés de réflexions, de mementos et où se lit jusqu'au brouillon d'un discours préparé pendant le siège Ce qui frappe, au point de surprendre, dans cet amas de pages qui forment le plus grouillant « livre de vie », c'est, avec une science suprême, le bouillonnement continu de la pensée. Ce cerveau perpétuellement enfante. En recréant, il crée; c'est le don génial. Un monde de formes, de lignes, de couleurs est en fusion dans ces menus traits, ces raccourcis si sûrs, si nets, trouvés et non cherchés. Dessins poussés ou schématiques, — ceux-ci ne suggérant pas moins, — un cinématographe d'art trépidant, hallucinant ! Illustration d'une vie et d'une époque.

« Il est impossible, — je cite encore M. Paul Jamot, — qu'un « sculpteur ne soit pas un dessinateur. Et s'il a du génie, les croquis « où s'annonce la première pensée d'une statue ou d'un groupe auront le « même intérêt et la même beauté que tel crayon où un grand peintre « a cherché l'ordonnance de son œuvre... La collection des dessins de « Carpeaux est un des plus beaux parmi ces répertoires où nous cher-

(1) Atelier J.-B. Carpeaux, préface du Catalogue de la première vente, mai 1913.

« chons la pensée frémissante d'un maître méditant son œuvre, ou se « livrant avec enthousiasme aux multiples suggestions de la vie... »

Et plus loin : « Tous les procédés lui sont bons : plume, lavis, « mine de plomb, fusain, crayon noir, sanguine, pastel, gouache, « aquarelle... mais à tout il préfère le papier gris ou bleu, souvent assez « foncé, sur lequel le crayon Conté court en frottis légers, balafre les « ombres de hachures violentes, souligne d'un trait écrasé la structure « d'un visage ou le contour d'un corps, tandis que des rehauts de « blanc font saillir les reliefs et miroiter les lumières (1). »

L'improvisation, à ce degré de maîtrise, n'est pas seulement, comme on le pourrait croire, le résultat d'heureux dons. C'est le fruit d'un âpre, d'un incessant labeur. Souvenons-nous des nobles lignes écrites par Carpeaux à la veille de sa mort et qui jettent, sur sa studieuse jeunesse, un jour révélateur : « Je parcourais les rues de la Ville Éter- « nelle le crayon à la main, interprétant des scènes variées sous les yeux « de mes amis qui ne comprenaient pas comment je pouvais voir dans « la nature des sujets si élevés, si tendres, si caractéristiques. Je leur « montrais tous les jours l'art de voir, et bien peu pouvaient me suivre. « Pourquoi ? c'est qu'ils n'avaient que l'étude plastique de la nature. Ils « avaient négligé l'enthousiasme qui électrise l'artiste et lui fait trouver « des accents sublimes pour s'élever au-dessus du niveau de la vie ordi- « naire, c'est ce que j'appelle la *seconde vue*. »

Curieux mot, et divinateur, sous la plume de ce « voyant » qui s'ignorait, modestement effacé devant le travailleur sans merci. Car il ne faut pas se lasser de le répéter : dans le grand homme touché par la splendeur et la faveur impériales, il y avait avant tout, avec l'artisan acharné à la perfection, un artiste d'indépendance hautaine, asservi à ce but unique comme à une religion : l'Art. Un indépendant, que dis-je, un intransigeant ! Les Zoïle du temps le lui firent bien voir. « Le dessin libre, écrivait-il encore, tout est là. Mettez le trait dans l'impression fugitive, conservez l'élan ; ne vous faites pas l'esclave du procédé, ne ciselez pas, — *ayez une âme !* » Une âme, et une âme volontaire, voilà tout l'enseignement de Carpeaux, donné par lui-même. C'est le secret de cette création prodigieuse.

M. Édouard Sarradin, un des critiques d'art qui ont le plus finement analysé, aimé Carpeaux, a dégagé avec force ces grandes lignes, règles d'une vie. « Il avait acquis dans une existence singulièrement indépen- « dante un pouvoir d'indiscipline en quelque sorte providentiel. C'est

(1) Paul Jamot, *Gazette des Beaux-Arts*, Ibid.

« qu'il était doué d'un puissant instinct que servait sans cesse une volonté « superbe, éperonnée, fortifiée par l'adversité (1). »

Dès lors, comme on vous comprend mieux et comme on vous chérit davantage, dessins, études plus humbles, premiers « états » d'une grande âme!... On en trouvera ici beaucoup. Embryons où la Beauté est en germe; enfants souples et drus qui ont la grâce, déjà, d'êtres complets; et aussi, en quantité, ces pages magistrales qui vont aussi loin, dans le bonheur total de l'expression, que le génie peut pousser.

Et c'est, à côté du thème vénéré, de la superbe série inspirée du « Jugement Dernier », de Michel-Ange, la foule des projets de statues, souvent irréalisées, croquis d'après Watteau, croquis d'enfants, croquis de chevaux, études préliminaires pour ses œuvres, scènes populaires dans la rue, au théâtre... C'est la famille impériale surprise dans son intimité, le charmant « Petit Prince » pendant sa leçon de danse, sa leçon de violon... C'est Napoléon rêvant, soucieux déjà, puis l'Empereur en représentation, le souverain affable des soirs de gala, son élégance lourde, lasse... C'est l'Impératrice en toilette de bal... Ce sont, enfin, les jours douloureux de Chislehurst, le shakespearien crayon d'après nature du vaincu de Sedan, dans son cercueil, en grand uniforme, traits déjà bouffis, poitrine barrée du grand cordon, et, aux pieds, la couronne à l'N funéraire. Entre ces deux bornes de la destinée tient l'émouvante évocation de la guerre : soldats en marche, réquisition de chevaux, ambulances, pièces en batterie, proclamation de la République, morts côte à côte attendant la fosse, incendies... Toutes les heures terribles sont là. Carpeaux les a vécues, les nerfs à vif, enfermé dans Paris, hôte du palais du Luxembourg, durant les longs mois du siège.

Son existence entière, nous la touchons, tant dans les nombreux dessins encadrés que dans ces albums bourrés de merveilles — (tel certain cahier rouge où il a groupé, collé lui-même plus de deux cents compositions et études), — dans ces albums reconstitués avec un soin pieux, ces carnets de poche devenus introuvables... A travers tout cela, que de chefs-d'œuvre restés aux limbes! Et comme elle fait encore plus regretter, cette mine d'études, la mort prématurée! Où se serait-il arrêté, cet infatigable pionnier du Vrai et du Beau?

⁂

Concluons.

L'un des plus grands sculpteurs qui illustrent l'art français, J.-B. Car-

(1) Edouard Sarradin. — Préface du Catalogue de l'Exposition Rétrospective au Salon d'Automne, 1907.

peaux, nous émeut plus peut-être que ses émules, par la fièvre ardente de sa vie. Et, sans doute, il demeure par-dessus tout l'immortel auteur de la ***Danse***, de la ***Flore*** et de la ***Fontaine*** du Luxembourg, en même temps que, dans ses bustes, l'historien-poète d'une époque. Comme les maîtres suprêmes, cet amant passionné de la vie mérita la fortune de relier, par un maillon incorruptible, l'heure qu'il vécut en l'exprimant, à la chaîne éternelle. Il est de son temps et de tous les temps.

Ainsi, dans l'effort d'un tel artiste, rien que puisse négliger l'étude. Un grand peintre existait dans le grand statuaire, et l'avenir dira que les peintures de Carpeaux, les ébauches mêmes, font honneur à la main dont elles sortirent. Elles ajoutent avec les dessins, à ce nom inscrit au livre d'or de nos gloires, un rayon de plus.

Et ce n'est certes pas sans la peine cuisante d'un regret que je salue, avant la dispersion définitive (1), cet incomparable ensemble ! Leçon magnifique du génie, dont l'atelier du boulevard Exelmans nous donnait l'éclatant résumé, et que, mieux inspirés, nos musées eussent dû revendiquer comme un bien national. Une œuvre comme celle-ci se confond avec l'âme de la France. C'est le patrimoine de tous.

VICTOR MARGUERITTE.

(1) Car voici définitivement anéanti cet Atelier du boulevard Exelmans [illegible] Mme Clément Carpeaux et M. Louis Carpeaux avaient [illegible] précieux héritage paternel. De toute cette réunion d'œuvres [illegible] subsiste. Le vent des enchères l'aura emportée. On ne la verra plus [illegible] hasard des ventes futures ou [illegible] caprice des legs, [illegible] des musées ces épaves du génie. C'est de cette façon que le Louvre s'est [illegible] de la princesse Mathilde, Édouard et Ernest André, [illegible] M. [illegible] bas-relief de Flore. L'atelier lui-même disparaît, sous ce flot [illegible] peu s'étend, chasse d'Auteuil ses maisons [illegible] et ses derniers [illegible].

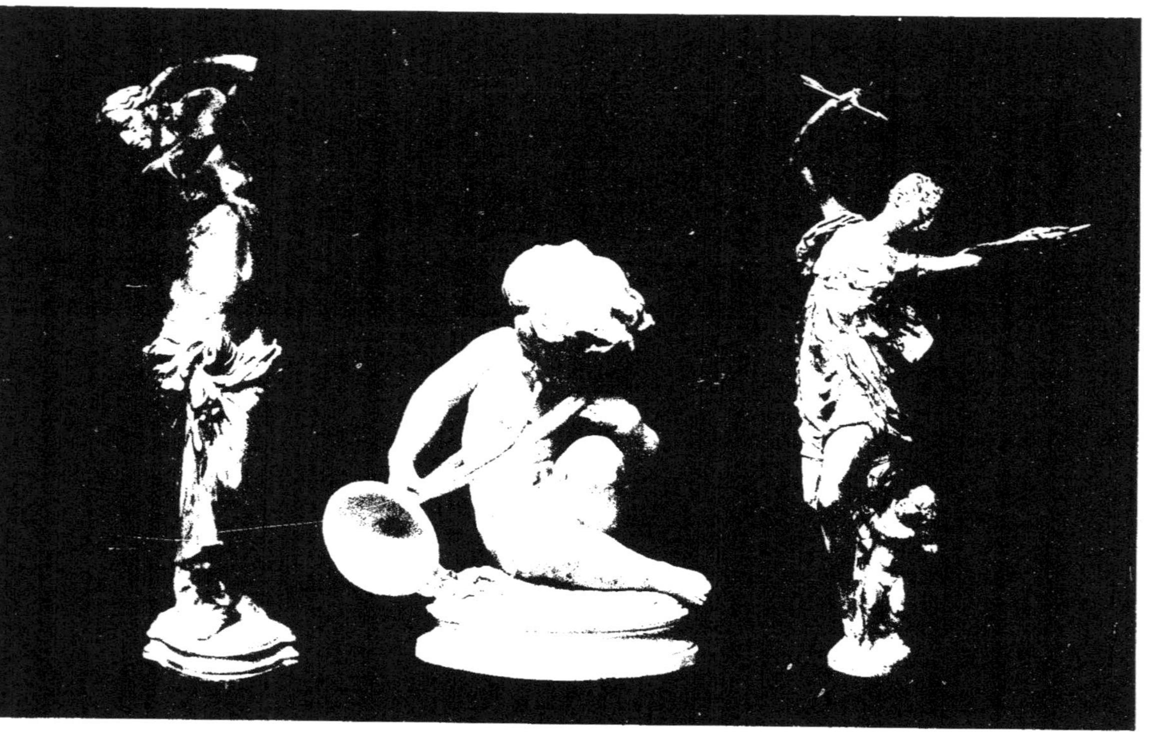

N 1 [illegible] — N 5 [illegible] — N 11 [illegible]

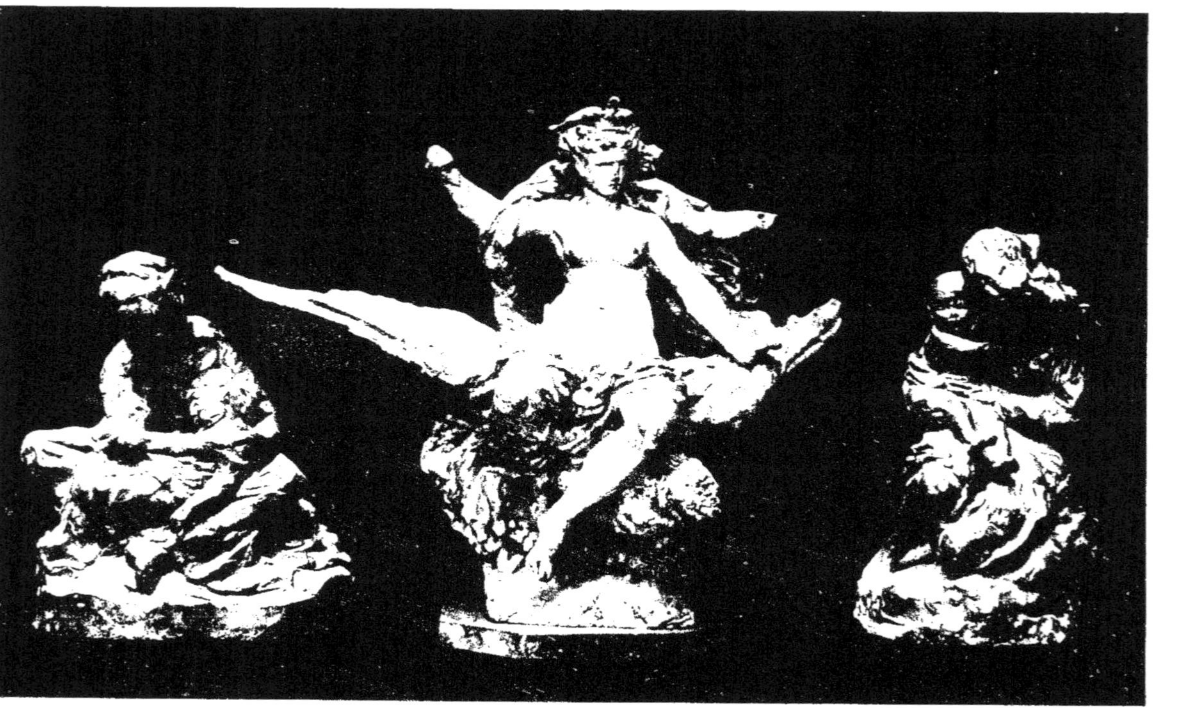

N° 73 N° 21 N° 3

Maternité [illegible]

Bronze [illegible]

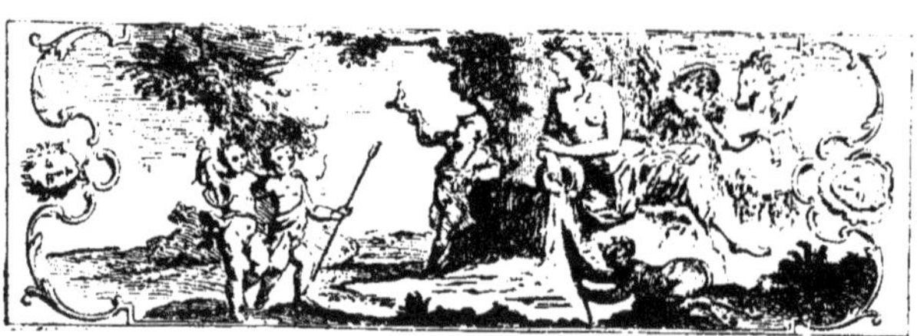

DÉSIGNATION

SCULPTURES

GROUPES ET STATUETTES

3000. 1. — *La Toilette.* Cela 2720 Cabany

Modèle en bronze.

Haut., 0 m 69.

Le plâtre original a figuré à la vente du 30 mai 1913. — Nº 20.

3000 2. — *Suzanne surprise.*

Terre cuite ancienne, ayant servi de modèle pour la fonte. 1600

Haut., 0 m. 70. Durand Ruel

Le plâtre original et le modèle en bronze ont figuré à la vente du 30 mai 1913. — Nos 12 et 13.

3. — *Jeune mère.*

3000 Esquisse. 2000

Bronze d'art. Bousquet

Première épreuve.

Signé du cachet de l'atelier.

Le plâtre original est au musée du Louvre.

Haut., 0 m. 32.

Exposition de Liverpool, Juillet 1909.
Exposition du Jeu de Paume (Tuileries), 1912. — Nº 202.

4. — *La Ville de Valenciennes défendant la Patrie.*

Modèle en bronze.

Haut., 0 m. 55.

Le plâtre original a figuré à la vente du 30 mai 1913. — N° 15.

5. — *L'Enfant au cor.* (Statuette.)

Plâtre original.
Une des dernières œuvres de J.-B. Carpeaux.
Le modèle bronze est entré dans une collection particulière.

Haut., 0 m. 30.

6. — *Ugolin et ses Enfants.* (Groupe.)

Plâtre original.
Réduction.
Le bronze grandeur nature est au musée du Louvre.

Haut., 0 m. 49.

Une terre cuite originale, grandeur natue, 1 m. 80 a figure a la vente du 30 mai 1913. — N° 2.

7. — *L'Amour à la folie.*

Première épreuve ayant servi à la fonte.
Signé : *J.-B. Carpeaux*, daté : *1869*.
Sujet tiré du groupe de *la Danse*.
Le modèle en bronze est entré dans une collection particulière.
On ignore ce qu'est devenu le plâtre original.

Haut., 0 m. 80.

8. — *Daphnis et Chloé.* (Groupe.)

Plâtre original.
Réduction.

Haut., 0 m. 70.

Le plâtre original, grandeur nature, 1 m. 40, a figuré à la vente du 30 mai 1913. — N° 4.

9. — *Daphnis et Chloé.* (Groupe.)

Plâtre original.
Variante du précédent, étude avant la draperie.

Haut., 0 m. 70.

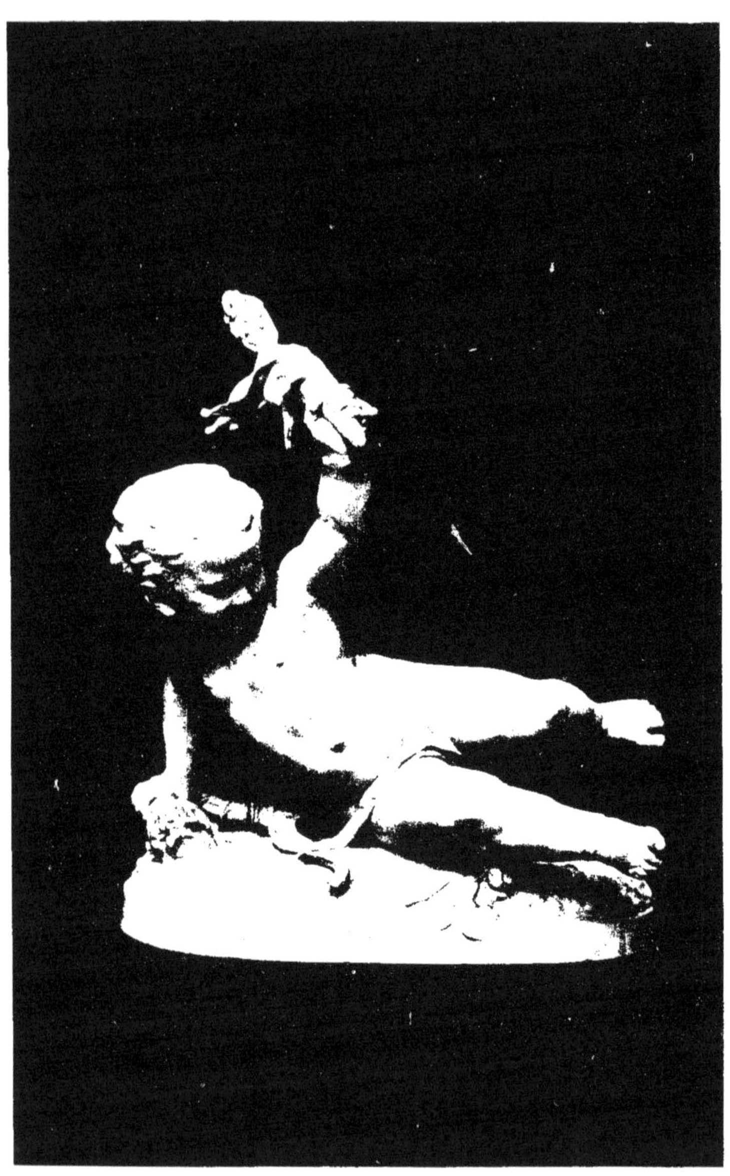

N° 7

L'Amour à la folie.

1re épreuve ayant servi à la vente

sujet tiré du groupe [illegible] [illegible] ans.

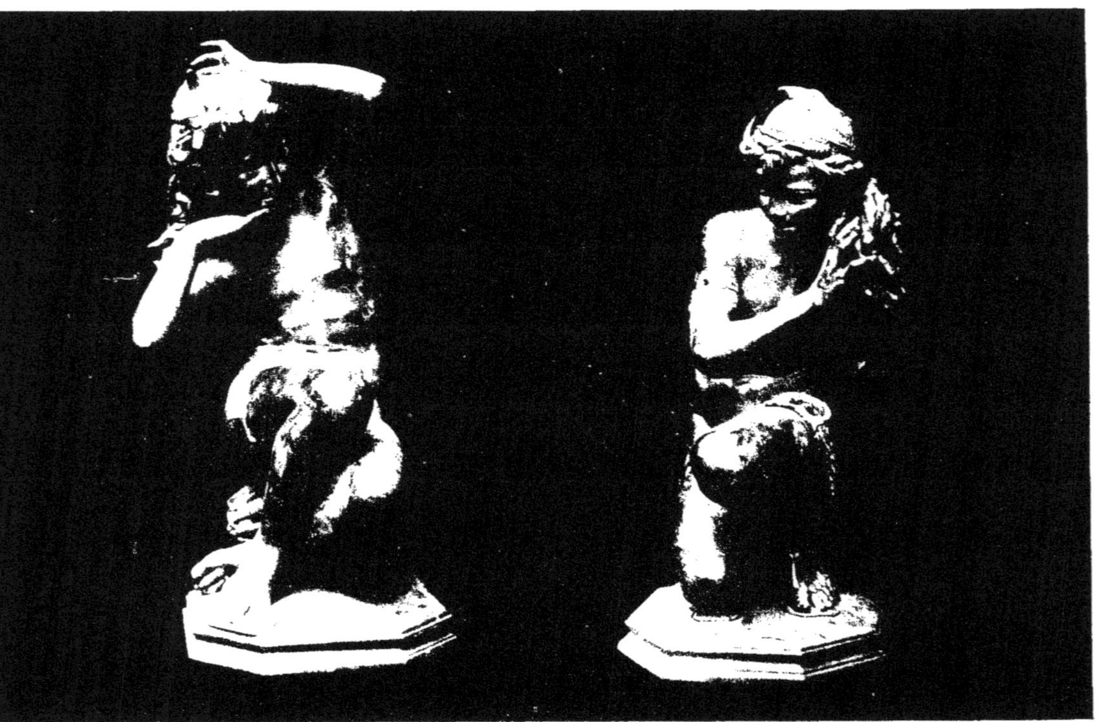

N° 13

N° 14

10\. — *Frileuse.*

Modèle en bronze.

Haut., 0 m. 41.

Le plâtre original et un marbre ont figuré à la vente du 30 mai 1913. — Nos 10 et 11.

11\. — *L'Amour désarmé.*

D'après Mlle Fiocre, dans le rôle de l'Amour de *Néméa*.

Modèle en bronze.

L'esquisse, plâtre original, est au musée des Arts Décoratifs.

Ce modèle bronze a été achevé par Carpeaux, d'après l'esquisse, sans nouveau plâtre original.

Haut., 0 m. 65.

12\. — *Sainte Famille.*

Maquette, plâtre original. Etude pour un groupe de *La Charité* destiné à l'église de la Trinité. — 1865.

Le Louvre possède un plâtre de cette œuvre.

Signé : *J.-B. Carpeaux.*

Haut., 0 m. 36.

Exposition École Nationale des Beaux-Arts, Paris, 1894. — No 340.

13\. — *La Jeune Fille à la coquille.*

Modèle en bronze.

Haut., 1 m.

Le plâtre original de cette œuvre a figuré à la vente du 30 mai 1913. — No 5.

14\. — *Le Pêcheur napolitain.*

Modèle en bronze.

Le plâtre original est au musée du Louvre.

Haut., 0 m. 90.

15\. — *Génie de la Danse.*

Modèle en bronze.

Haut., 1 m. 05.

16\. — *Génie de la Danse.*

Plâtre original.

Réduction.

Signé : *J.-B. Carpeaux.*

Haut., 1 m. 05.

Le plâtre original, grandeur nature, 2 m. 30, a figuré à la vente du 30 mai 1913. — No 3.

17\. — *La Pêcheuse de vignots.*

Modèle en bronze.

Haut., 0 m. 74.

Le plâtre original et un marbre ont figuré à la vente du 30 mai 1913. — Nos 8 et 9.

18\. — *Le Marchand de poissons.*

Terre cuite préparée pour la fonte.
Fragment.
Étude pour une statue dont on a perdu la trace en France.
La figure entière mesurait 1 m. 25.

Haut., 0 m. 80.

On voit l'œuvre figurer en bronze sur les catalogues de trois ventes faites par Carpeaux : *Paris, 29 avril 1873. — Bruxelles, 3 juin 1873. — Londres, 11 mars 1874.*

19\. — *Pêcheur napolitain.*

Modèle en bronze.
Réduction.

Haut., 0 m. 36.

20\. — *Flore accroupie.*

Modèle en bronze.
Le plâtre original est au musée de Copenhague.

Haut., 0 m. 52.

Une première épreuve ayant servi à la fonte a figuré à la vente du 30 mai 1913. — N° 19.

21\. — *La France Impériale éclairant le Monde.*

Étude pour la décoration du Pavillon de Flore.
Plâtre original. Fragment.

Haut., 0 m. 80.

22\. — *Le Prince Impérial au chapeau.* (Statuette.)

Plâtre.

Haut., 0 m. 29.

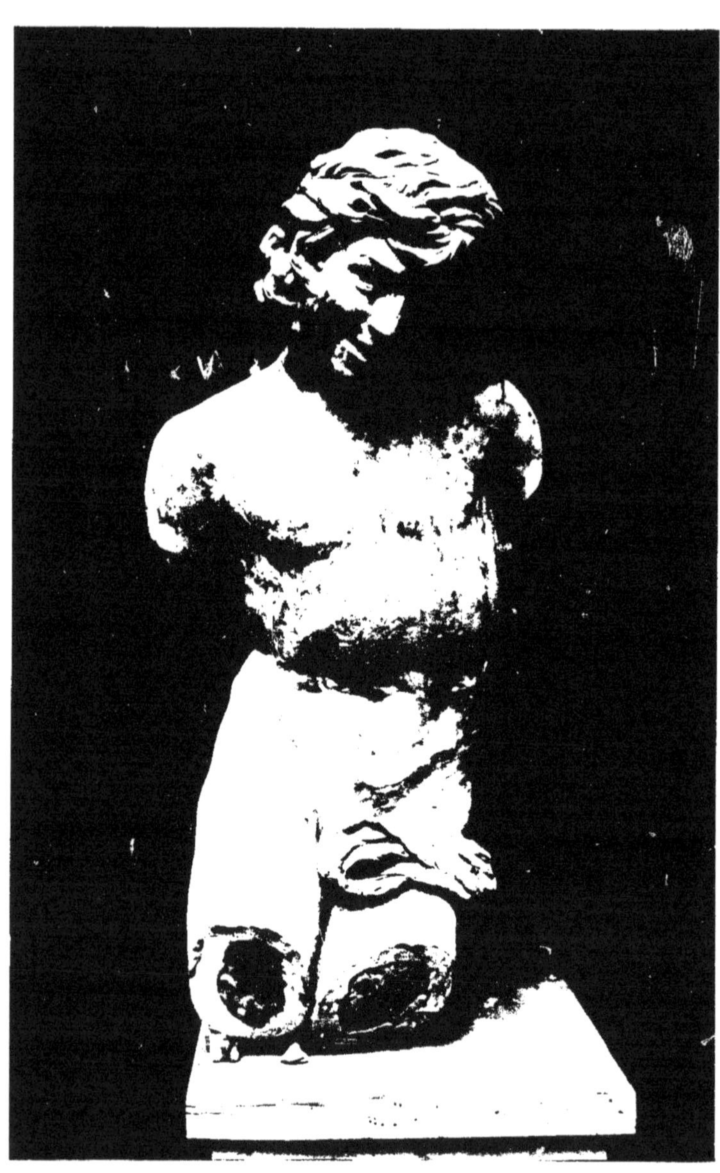

N° 18

Le marchand de [illegible].

Terre cuite [illegible]

[illegible]

[illegible]

[illegible]

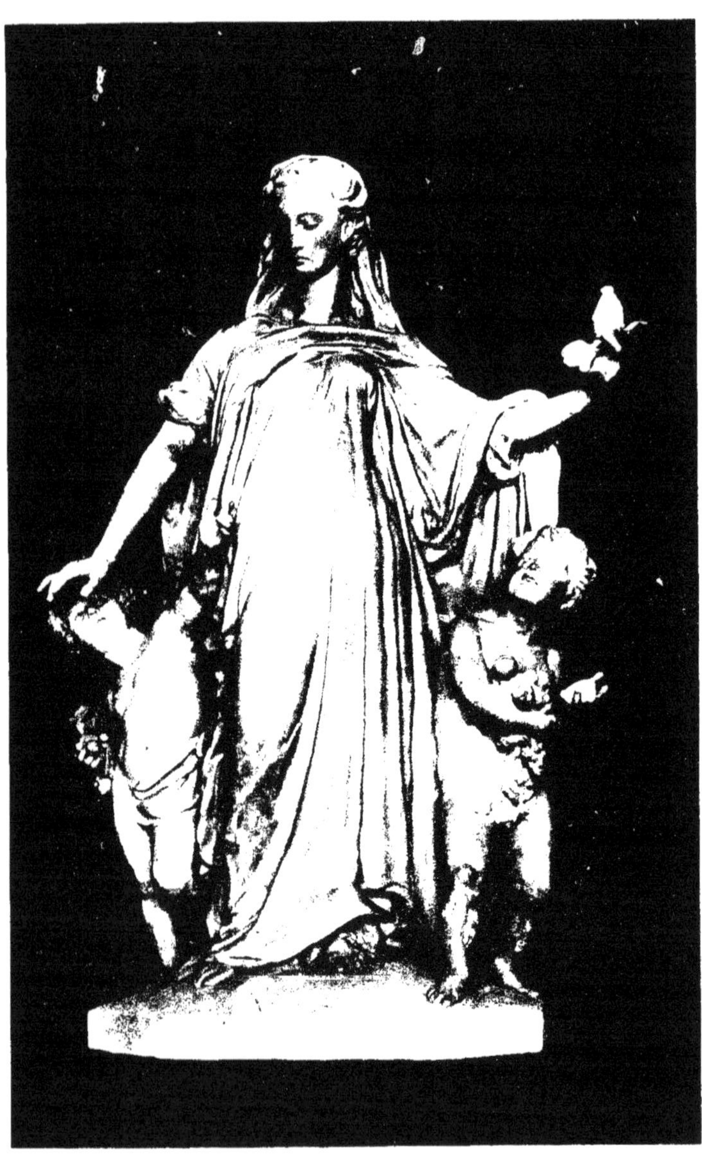

N° 23

La Tempérance [illegible]

Terre cuite.

Ce groupe est exécuté en pierre à l'église de la Trinité.

Plâtre original [illegible]

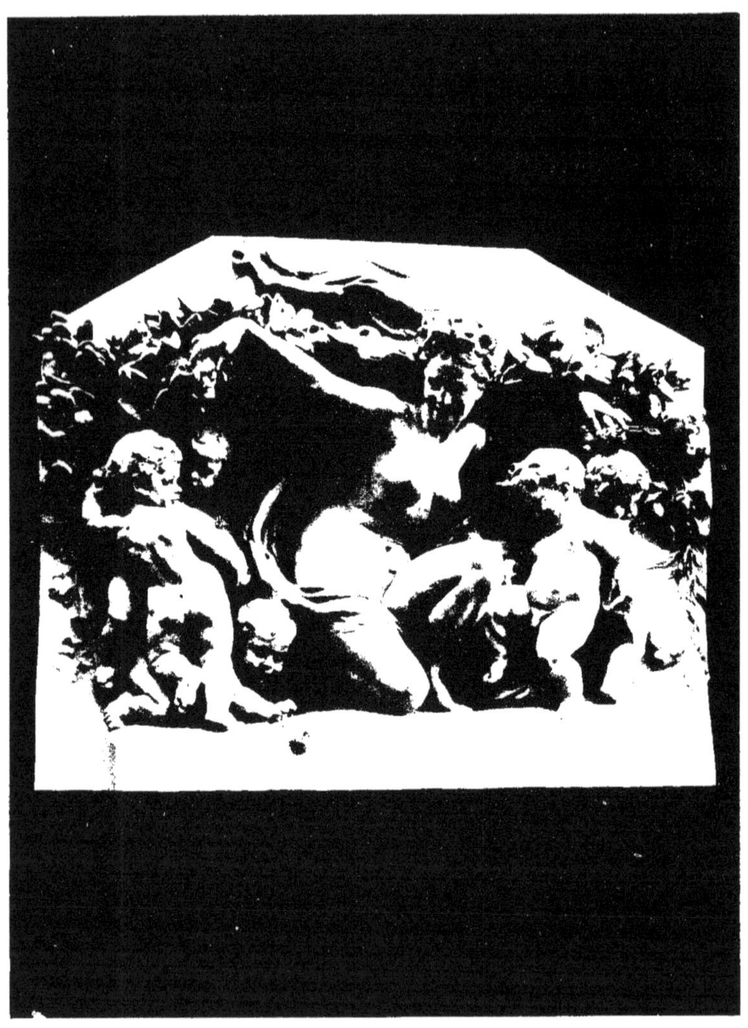

N° 24

Flore. 4000f pour [illegible].

Exposition Franco Britannique à Londres 1908

Exposition de la Société [illegible] Bruxelles 1910

Exposition du Pas de Calais 1912.

23. — *La Tempérance.* (Groupe.)

Terre cuite.
Signé : *J.-B. Carpeaux*, daté : *1869*.
Ce groupe est exécuté en pierre à l'église de la Trinité.
Le plâtre original a été brisé.

Haut., 1 m. 50.

24. — *Flore.* (Haut-relief.)

Belle épreuve en plâtre.

Haut., 1 m. 45 ; larg., 1 m. 70.

Exposition Franco-Britannique, Londres, 1908.
Exposition Société Royale des Beaux-Arts, Bruxelles, 1909.
Exposition au Jeu de Paume (Tuileries), 1912.

BUSTES

PORTRAITS, COMPOSITIONS DÉCORATIVES

25. — *Rieuse napolitaine.*

Modèle en bronze.
Petite réduction.

Haut., 0 m. 10.

Le Rieur napolitain, *même taille, a figuré à la vente du 30 mai 1913, monté sur l'écritoire.* — N° 62.

Les plâtres originaux ont figuré à la vente du 30 mai 1913. — Nos 34 et 35.

26. — *Étude pour le portrait du Prince Impérial.*

Plâtre original.

Haut., 0 m. 50.

27. — *Masque de l'Empereur Napoléon III.*

Moulage en plâtre, fait par Carpeaux après la mort de l'Empereur.

Haut., 0 m. 35.

28. — *Rieuse napolitaine.*

Modèle en bronze.

Haut., 0 m. 50.

29. — *Rieur napolitain.*

Modèle en bronze.

Haut., 0 m. 50.

30. — *Portrait de Mme la Duchesse de M*

Plâtre original.
Réduction.
Le plâtre original, grandeur nature, est au musée de Copenhague.

Haut., 0 m. 45.

31. — *Négresse.*

Plâtre original.
Réduction.
Signé : *J.-B. Carpeaux*, et daté : *1868.*
On lit sur le socle : *Pourquoi naître esclave ?*

Haut., 0 m. 35.

Le plâtre original, grandeur nature, 0 m. 64, a figuré à la vente du 30 mai 1913. — N° 42.

32. — *Chinois.*

Plâtre original.
Réduction.

Haut., 0 m. 31.

Le plâtre original, grandeur nature, 0 m. 67, a figuré à la vente du 30 mai 1913. — N° 41.

33. — *L'Espérance.* (Buste avec bras.)

Plâtre original.
Étude pour une composition décorative simplifiée, dont le plâtre original est au musée de Copenhague.

Haut., 0 m. 60.

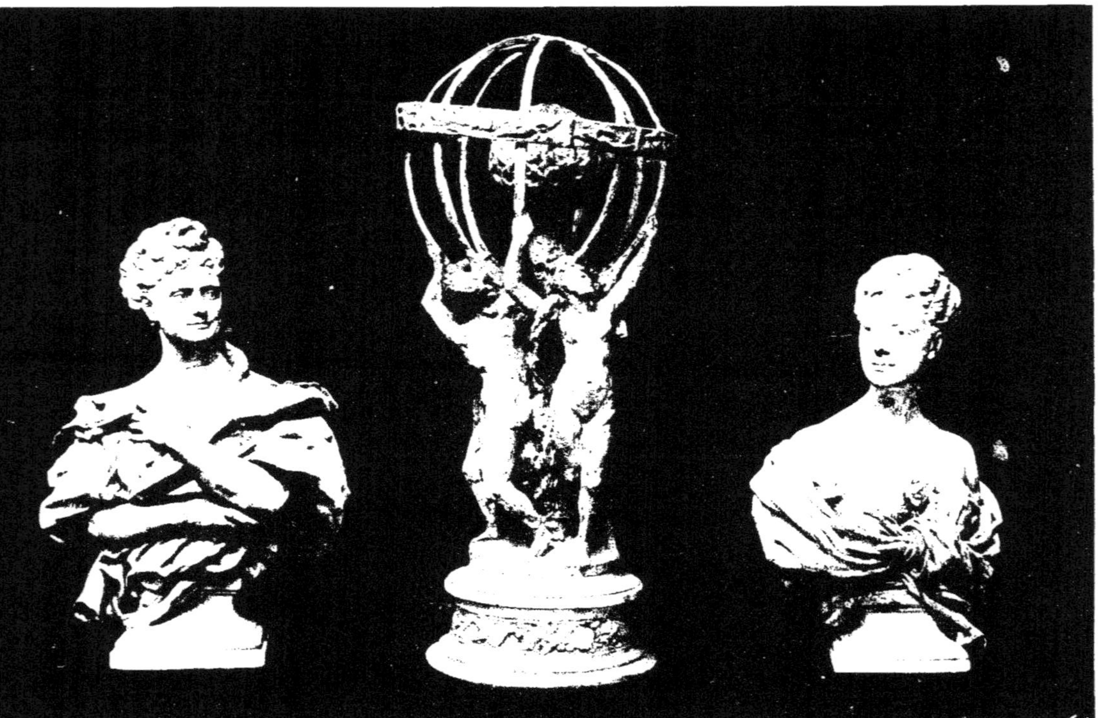

N° 30 — Réduction

N° 77

N° 34 — Réduction

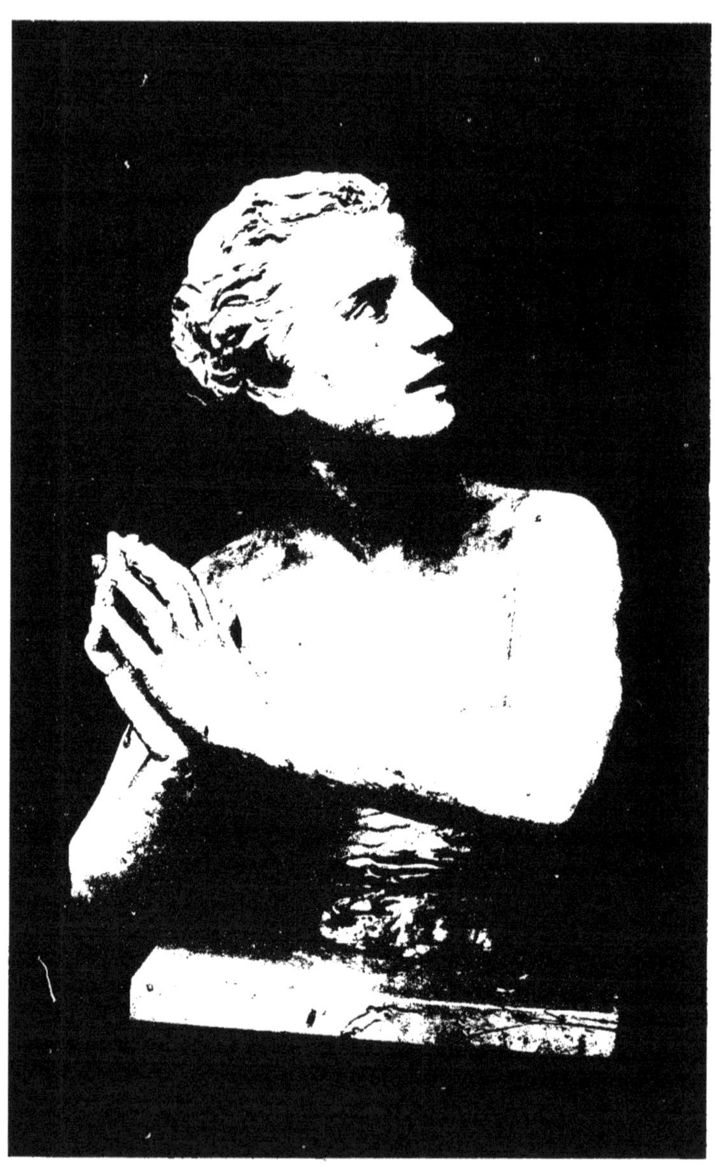

N° 33

L'Espérance.

Plâtre original.

Etude pour une composition de [illegible]

[illegible] plâtre original est au musée de [illegible]

34. — *Portrait de Mademoiselle Fiocre*

Plâtre original.
Réduction.
Le plâtre original, grandeur nature, est au musée du Louvre.

Haut., o m. 40.

35. — *Bacchante aux vignes.* (Buste.)

Terre cuite originale.
Il n'existe pas de modele en bronze.
Signée : *J.-B. Carpeaux*, datée : *1875*.

Haut., o m. 60.

Le plâtre original a figuré à la vente du 30 mai 1913. — N° 31.

36. — *La Palombelle au collier.* (Buste.)

Plâtre original.

Haut., o m. 42.

37. — *Le Petit Boudeur.*

Plâtre original.
Signé : *J.-B. Carpeaux.*

Haut., o m. 30.

Le modèle en bronze a figuré à la vente du 30 mai 1913. — N° 36.

38. — *Tête de Faune.*

Plâtre original.
Etude pour le groupe de *la Danse.*

Haut., o m. 34.

Une cire perdue, épreuve unique, a figuré à la vente du 30 mai 1913. — N° 39.

39. — *Rieur napolitain.*

40. — *Rieuse napolitaine.*

Plâtres originaux.
Signés : *B^te^ Carpeaux.*

Haut., o m. 50.

41. — *Portrait d'Alexandre Dumas fils.*

Plâtre original.
Réduction.

On lit sur le socle : *All' Huomo penserioso Alexandre Dumas fils. — Suo Amico : B^te Carpeaux, 1873.*

Le plâtre original, grandeur nature, est au musée du Louvre.
Le marbre a été légué par A. Dumas à la Comédie-Française.

Haut., 0 m. 47.

42. — *Bacchante, les yeux baissés.* (Buste.)

Plâtre original.
Étude pour le groupe de *la Danse.*

Haut., 0 m. 32.

Une cire perdue, épreuve unique, a figuré à la vente du 30 mai 1913. — N° 37.

43. — *L'Espérance.* (Buste.)

Terre cuite originale.
Le plâtre original est au musée de Copenhague.
Il n'existe pas de modèle en bronze.

Haut., 0 m. 53.

44. — *Bacchante criant.* (Buste.)

Plâtre original.
Étude pour le groupe de *la Danse.*

Haut., 0 m. 35.

Une cire perdue, épreuve unique, a figuré à la vente du 30 mai 1913. — N° 38.

45. — *Bacchante aux roses.*

Première épreuve préparée pour la fonte.
Le plâtre original est au musée de Copenhague.

Haut., 0 m. 63.

46. — *Le Génie de la Danse.* (Buste.)

Plâtre. Belle épreuve du temps de Carpeaux.
Variante du génie du groupe de *la Danse.*
Signé : *B^te Carpeaux.*
Le plâtre original est entré dans une collection particulière.

Haut., 0 m. 62.

N° 50

N° 45

47. — *Rieur napolitain.*

48. — *Rieuse napolitaine.*

Modèles en bronze.

Haut., 0 m. 27.

49. — *Portrait du marquis de Piennes.* (Buste.)

Plâtre original.
On lit sur le socle : *A son ami de Piennes. — Bte Carpeaux, Rome 1862.*

Haut., 0 m. 54.

Exposition École Nationale des Beaux-Arts, Paris, 1894. — No 413.

50. — *Espiègle.*

Plâtre original.
Signé : *Bte Carpeaux.*

Haut., 0 m. 53.

Exposition École Nationale des Beaux-Arts, Paris, 1894. — No 390.

Le modèle en bronze a figuré à la vente du 30 mai 1913. — No 30.

51. — *Portrait de M. Vaudremer.*

Plâtre original.
On lit sur le socle : *Bte Carpeaux, à son ami Vaudremer. Rome 1859.*

Haut., 0 m. 48.

Exposition Société Royale des Beaux-Arts. Bruxelles, 1909.

52. — *Chinois.*

Modèle en bronze, réduction.
Etude pour l'*Asie*, de la fontaine du Luxembourg.

Haut., 0 m. 35.

Le modèle en bronze, grandeur nature, a été acquis à l'Exposition de Vienne, 1903.

53. — *Négresse.*

Modèle en bronze, réduction.
Étude pour *l'Afrique*, de la fontaine du Luxembourg.

Haut., 0 m. 35.

Le modèle en bronze, grandeur nature, a été acquis à l'Exposition de Vienne, 1903.

54. — *Bacchante aux roses.*

Modèle en bronze.

Haut., 0 m. 63.

55. — *Portrait de Napoléon III.* (Buste.)

Plâtre original, réduction.
Signé : *J.-B. Carpeaux*, daté : *13 janvier 1873.*
Le plâtre original grandeur nature est au Louvre.

Haut., 0 m. 35.

Une terre cuite originale a figuré à la vente du 30 mai 1913. — Nº 54.

56. — *Bacchante aux roses.*

Modèle en bronze.
Réduction.

Haut., 0 m. 36.

57. — *Buste de Femme avec broche.* (Portrait.)

Plâtre original.

Haut., 0 m. 54.

58. — *Portrait de M. Chardon-Lagache.*

Plâtre original.
Signé : *J.-B. Carpeaux.*

Haut., 0 m. 67.

Exposition École Nationale des Beaux-Arts, Paris, 1894. — Nº 428.

59. — *Le Printemps.*

Modèle en bronze.
Variante de la tête de *Flore* du bas-relief des Tuileries.
Le plâtre original est au musée de Copenhague.

Haut., 0 m. 45.

N° 64 N° 67 N° 66 N° 61

N° 62 N° 63 N° 69 N° 65

MÉDAILLONS, ÉCRITOIRE

60. — *Monsieur X...* (non vendus.) 205

Plâtre original.
Signature et dédicace : *A mon ami...*

Salon d'Automne (Rétrospective Carpeaux), 1907. — N° 31.

61. — *Madame X.* (Profil.) 160

Plâtre original.

62. — *Le Prince impérial.* (Profil.) 140

Plâtre original.

63. — *Femme âgée.* (Profil.) 100

Plâtre original.
Signé : *J.-B. Carpeaux.*

Exposition Centennale, 1900. — N° 1517.
Exposition au Jeu de Paume (Tuileries), 1912. — N° 185.

64. — *Francis Monnier, précepteur du Prince impérial.* 180

Plâtre original.
Signé : *J.-B. Carpeaux*, daté : *1865*.

Exposition au Jeu de Paume (Tuileries), 1912. — N° 184.

65. — *Mademoiselle Bouvet, lectrice de l'Impératrice.* (Profil.) 115

Plâtre original.

Exposition au Jeu de Paume (Tuileries), 1912. — N° 187.

66. — *Madame Mac-Nab, née comtesse d'Anglars.* (Trois-quarts.)

Première épreuve.

Signé : *J.-B. Carpeaux*, daté : *1864*.

Exposition au Jeu de Paume (Tuileries), 1912. — N° 183.

67. — *Madame Defly.*

Médaillon de face.

Modèle en bronze.

Signé : *J.-B. Carpeaux*, daté : *Janvier 1863*.

Connu à tort comme portrait de la mère de Carpeaux.

Exposition Centennale, 1900. — N° 1516.

Exposition au Jeu de Paume (Tuileries), 1912. — N° 182.

68. — *Monsieur Reynal.* (De profil.)

Plâtre original.

Bas-relief octogonal portant la dédicace : Hommage d'amitié offert par l'auteur à M. Reynal, directeur du musée de Lille.

Signé : *J.-B. Carpeaux*.

Exposition au Jeu de Paume (Tuileries), 1912. — N° 189.

69. — *Portrait de l'Impératrice Eugénie.*

Terre cuite originale, profil.

Œuvre du Prince impérial.

Signé : *Louis Napoléon IV.* « *l'Impératrice des Français, 12 juin 186... (5?* »

Exposition de Bagatelle.

70. — *Écritoire.* (Composition décorative.)

Première épreuve préparée pour la fonte.

On ignore ce qu'est devenu le Plâtre original.

Haut., 0 m. 15 ; larg., 0 m. 28.

Le modèle bronze a figuré à la vente du 30 mai 1913. — N° 62.

N° 116

[illegible]

[illegible]

N° 71

La [illegible] Maquette [illegible]

[illegible]

N° 20

[illegible] portrait [illegible]

[illegible]

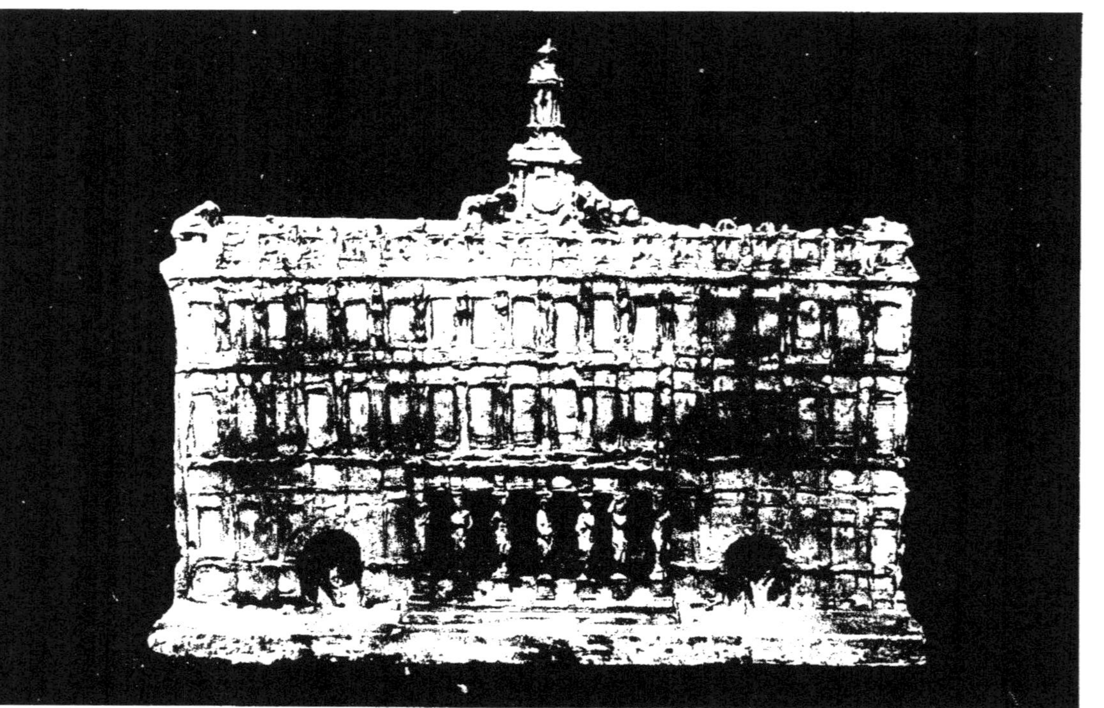

N° 72

ESQUISSES

71. — *La Danse.* (Groupe.)

Maquette plâtre, épreuve.
Le plâtre original est au musée du Louvre.

Haut., 0 m. 55.

72. — *Projet de décoration pour la façade de l'Hôtel de Ville de Valenciennes.* (Bas-relief.)

Plâtre original.

Haut., 0 m. 75 ; larg. 0 m. 83.

Salon d'Automne (Rétrospective Carpeaux), 1907. — N° 34.
Exposition au Jeu de Paume (Tuileries), 1912. — N° 217.

73. — *Maternité : L'Enfant malade.* (Groupe.)

Bronze à cire perdue, deuxième épreuve.
Portant le cachet : *cire perdue, J.-B. Carpeaux.*

Haut., 0 m. 21.

Exposition Société Royale des Beaux-Arts, Bruxelles, 1909.
Exposition au Jeu de Paume (Tuileries), 1912. — N° 200.

74. — *Paul et Virginie.* (Groupe.)

Plâtre original.
Esquisse.
Une variante de cette composition se trouve au musée du Louvre.

Haut., 0 m. 38.

Salon d'Automne (Rétrospective Carpeaux), 1907. — N° 44.

75. — *Ève tentée.*

Fragment.
Maquette terre cuite.

Haut., 0 m. 07.

Le plâtre original de cette œuvre a figuré à la vente du 30 mai 1913.

Le modèle en bronze est entré dans une collection particulière.

76. — *Extase.* 510

Maquette en terre cuite.

Haut., 0 m. 22.

Exposition École Nationale des Beaux-Arts, Paris. — N° 368.
Exposition au Jeu de Paume (Tuileries), 1912. — N° 204.

4500 77. — *Les Quatre parties du Monde. (Fontaine du Luxembourg.)* (Groupe.) 2450 Ochsé

Plâtre original.
Esquisse.
Variante du plâtre que possède le musée du Louvre.

Haut., 0 m. 55.

Exposition École Nationale des Beaux-Arts, Paris, 1894. — N° 344.
Salon d'Automne (Rétrospective Carpeaux), 1907. — N° 47.
Exposition au Jeu de Paume (Tuileries), 1912. — N° 220.

78. — *Négresse.* (Fragment.) 390

Terre non cuite.
Étude pour la fontaine du Luxembourg.

Haut., 0 m. 15.

79. — *Les Quatre parties du Monde. (Fontaine du Luxembourg.)* (Groupe.) (non vendu)

Maquette en terre non cuite.

Haut., 0 m. 48.

80. — *Saint Sébastien.* 65

Maquette terre cuite.
Projet pour une statue.

Haut., 0 m. 15.

200 81. — *Confidence.* (Groupe.) 185

Maquette terre cuite.

Haut., 0 m. 16.

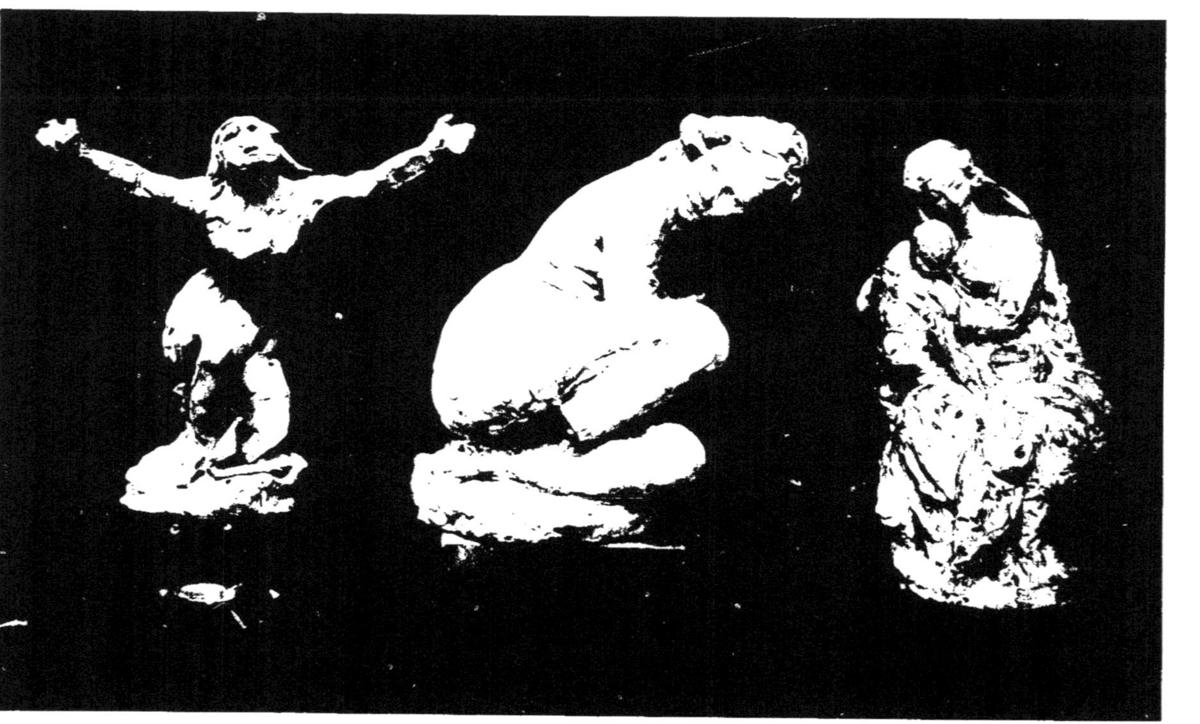

N° 70

Extase. Maquette [illegible]
Exposition [illegible] 1912.

N° 100

[illegible]

N° 12

[illegible]

82. — *Pieta.* (Groupe.)

Maquette terre cuite.

Haut., 0 m. 26.

Exposition École Nationale des Beaux-Arts, Paris, 1894. — N° 350.

83. — *Le Guerrier.*

Maquette terre cuite.

Haut., 0 m. 16.

Exposition au Jeu de Paume (Tuileries), 1912. — Sans numéro.

84. — *Femme couchée.*

Maquette en terre non cuite.

Haut., 0 m. 66.

85. — *La Toilette.*

Maquette terre cuite.

Haut., 0 m. 16.

86. — *La Douleur.*

Maquette terre cuite.

Haut., 0 m. 08.

87. — *Réconciliation.* (Groupe.)

Maquette terre cuite.

Haut., 0 m. 15.

Exposition au Jeu de Paume (Tuileries), 1912. — Sans numéro.

88. — *Amour maternel.* (Groupe.)

Maquette cire.

Haut., 0 m. 15.

Exposition École Nationale des Beaux-Arts, Paris, 1894. — N° 356.

89. — *La Musique et la Tragédie.* (Groupe.)

Maquette terre cuite.
Première pensée du groupe que Carpeaux devait exécuter pour l'Opéra.
Le Louvre possède le plâtre original d'une maquette du même sujet ; dimensions plus grandes.

Haut., 0 m. 21.

90. — *Trait-d'union.* (Groupe.)

Cire perdue, première épreuve.

Haut., 0 m. 20.

Exposition à la New Gallery, Londres, 1909.
Exposition Société Royale des Beaux-Arts, Bruxelles, 1909.

91. — *L'Attente.*

Maquette terre cuite.

Haut., 0 m. 16.

92. — *Jeune mère jouant avec son enfant.* (Groupe.)

Maquette terre cuite.

Haut., 0 m. 22.

Exposition École nationale des Beaux-Arts, Paris, 1894. — No 354.
Salon d'automne (Retrospective Carpeaux), 1907. — No 46.

93. — *Femme assise méditant.*

Plâtre original.
Esquisse.

Haut., 0 m. 25.

94. — *Groupe pour la fontaine de l'Observatoire.*

Maquette terre cuite.
Variante de plusieurs projets connus.

Haut., 0 m. 15.

95. — *Jeune Fille.*

Maquette terre cuite.

Étude pour *la Jeune fille à la coquille.*

Haut., 0 m. 20.

Salon d'automne (Retrospective Carpeaux), 1907. — N° 49.
Exposition au Jeu de Paume (Tuileries), 1912. — N° 206.

96. — *Rêveuse.*

Maquette terre cuite.

Haut., 0 m. 17.

Exposition École nationale des Beaux-Arts, Paris, 1894. — N° 352.
Exposition au Jeu de Paume (Tuileries), 1912. — N° 205.

97. — *Jeanne d'Arc.*

Maquette terre cuite.

Haut., 0 m. 10.

98. — *La Tempérance.*

Petite maquette terre cuite.
Projet pour le monument de l'église de la Trinité.

Haut., 0 m. 11.

99. — *Le Désespoir.*

Maquette terre cuite.

Haut., 0 m. 16.

Exposition École nationale des Beaux-Arts, Paris, 1894. — N° 370.

100. — *Suzanne surprise.* (Maquette.)

Plâtre original.

Étude pour l'œuvre du même nom qui a figuré dans un état différent à la vente du 30 mai 1913.

Haut., 0 m. 34.

101. — *Vierge morte.* (Projet pour une *Ophélie.*)

Maquette terre cuite.

Haut., 0 m. 06.

Exposition École Nationale des Beaux-Arts, Paris, 1894. — N° 364.

102. — *Consolation.* (Groupe.)

Maquette terre cuite.

Haut., 0 m. 23.

103. — *Rotrou.* (Buste.)

Cire.

Haut., 0 m. 17.

Exposition École Nationale des Beaux-Arts, Paris, 1894. — N° 374.

104. — *Amour maternel.* (Groupe.)

Maquette terre cuite.

Haut., 0 m. 16.

Exposition École Nationale des Beaux-Arts, Paris, 1894. — N° 355.

Exposition au Jeu de Paume (Tuileries), 1912. — N° 209.

105. — *Accablement.*

Maquette terre cuite.

Haut., 0 m. 30.

Exposition École Nationale des Beaux-Arts, Paris, 1894. — N° 359.

Exposition au Jeu de Paume (Tuileries), 1912. — N° 208.

106. — *Décoration pour le fronton du Pavillon de Flore.*

Trois plâtres originaux :

La France éclairant le monde.
La Science.
L'Agriculture.

Signés : *Bte Carpeaux.*

Une fonte d'art de ces trois pièces a figuré à la vente du 30 mai 1913. — N° 61.

107. — *Taureau couché.*

Terre non cuite.
Étude pour la décoration du Pavillon de Flore.

Haut., o m. 25.

Exposition au Jeu de Paume (Tuileries), 1912. — N° 213.

108. — *Trait-d'union.* (Groupe.)

Maquette terre cuite.

Haut., o m. 20.

Salon d'Automne (Rétrospective Carpeaux), 1907. — N° 41.

109. — *Pieta.* (Groupe.)

Maquette terre cuite.

Haut., o m. 21.

Exposition École Nationale des Beaux-Arts, Paris, 1894. — N° 349.
Salon d'Automne (Rétrospective Carpeaux), 1907. — N° 39.

110. — *Suzanne surprise.*

Maquette terre cuite.
Étude pour l'œuvre du même titre.

Haut., o m. 19.

111. — *Lutteurs.* (Groupe.)

Maquette terre cuite.

Haut., o m. 17.

112. — *Petit Génie.* (Haut-relief.)

Fragment pour la décoration du Pavillon de Flore.
Esquisse.
Plâtre original.

Haut., o m. 12.

113. — *Projet pour une statue représentant la ville de Valenciennes.*

Maquette.
Plâtre original teinté.

Haut., o m. 66.

114. — *Femme endormie.*

Maquette terre cuite.

Haut., 0 m. 17.

Exposition au Jeu de Paume (Tuileries), 1912. — N° 203.

115. — *Imploration.*

Maquette terre cuite.

Haut., 0 m. 26.

116. — *Le Grenadier après la bataille.*

Esquisse, plâtre original par S. A. le Prince Impérial, élève de Carpeaux.

Signé : *Napoléon IV, le 6 février 1864.*

Haut., 0 m. 40.

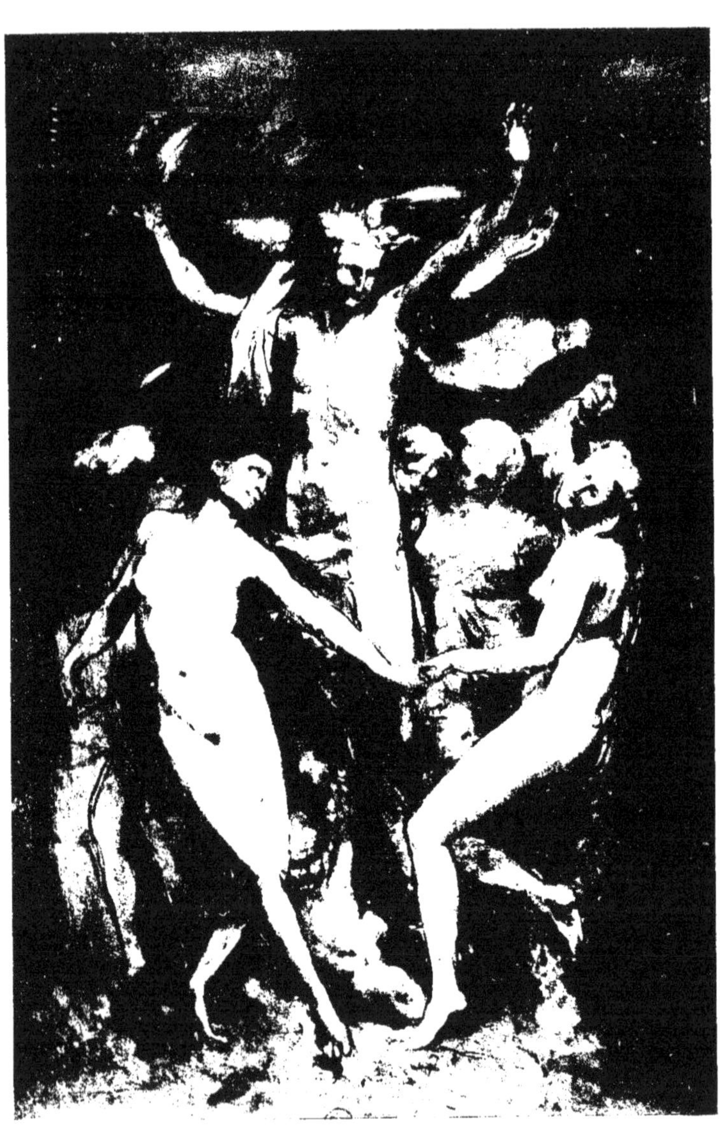

N° 119

Composition peinte d'après le grand groupe
exécuté en terre glaise.
Peinture traitée en grisaille, sauf pour la tête représentée à [illegible]
reprise d'après [illegible] sur [illegible] vivant.
Exposition nationale des B. Arts. 1894 — Salon d'automne rétrospective Carpeaux 1907 — Exposition [illegible] de Paris 1912

TABLEAUX PAR CARPEAUX

117. — *Chislehurst, Camden Place.* (Paysage.)

Signé à droite.

Peinture sur carton.

Haut., 0 m. 56 ; larg., 0 m. 42.

Exposition École Nationale des Beaux-Arts, Paris, 1894. — N° 42.
Exposition Maison d'Art, Bruxelles, 1896. — N° 19.

118. — *S. A. I. le Prince Impérial distribuant les récompenses à l'Exposition Universelle, Paris, 1867.*

Signé à droite.

Toile.

Haut, 0 m. 38 ; larg., 0 m. 45.

Exposition École Nationale des Beaux-Arts, Paris, 1894 — N° 83.
Exposition Maison d'Art, Bruxelles, 1896. — N° 30.

119. — *La Danse.*

Composition peinte par l'artiste d'après le grand groupe exécuté en terre glaise.

Peinture traitée en grisaille, sauf pour la femme représentée à gauche du groupe, reprise d'après le modèle vivant.

Signé à droite.

Panneau.

Haut., 0 m. 56 ; larg., 0 m. 38.

Exposition École Nationale des Beaux-Arts, Paris, 1894. — N° 2.
Salon d'Automne (Rétrospective Carpeaux), 1907. — N° 74.
Exposition au Jeu de Paume (Tuileries), 1912. — N° 228.

120. — *Portrait d'Homme.*

Signé à droite.

Toile.

Haut., 0 m. 40 ; larg., 0 m. 30.

Exposition École Nationale des Beaux-Arts, Paris, 1894. — N° 21.
Exposition Maison d'Art, Bruxelles, 1896. — N° 8.

121. — *Buste de Femme.*

A gauche, cachet de cire aux initiales de Carpeaux.
Toile.

Haut., 0 m. 46 ; larg., 0 m. 38.

Exposition École Nationale des Beaux-Arts, Paris, 1894. — N° 112.

122. — *Descente de croix.*

Grisaille.

Signé à droite.

Panneau.

Haut., 0 m. 51 ; larg., 0 m. 39 1/2.

Exposition École nationale des Beaux-Arts, Paris, 1894, n° 111, sous le titre : « *Ensevelissement* ».
Salon d'Automne (Rétrospective Carpeaux), 1907. — N° 57.
Exposition au Jeu de Paume (Tuileries), 1912. — N° 254.

123. — *Copie d'après une peinture de Michel-Ange à la chapelle Sixtine* (Rome.)

Signé à droite.

Peinture sur carton.

Haut., 0 m. 68 ; larg., 0 m. 52.

Exposition École nationale des Beaux-Arts, Paris, 1894. — N° 67.

124. — *Tête d'Italienne.*

Signé à droite.

Toile sur carton.

Haut., 0 m. 27 ; larg., 0 m. 22.

Exposition École Nationale des Beaux-Arts, Paris, 1894, n° 101, sous le titre : *Femme mauresque.*
Salon d'Automne (Rétrospective Carpeaux), 1907. — N° 59.
Exposition au Jeu de Paume (Tuileries), 1912. — N° 258.

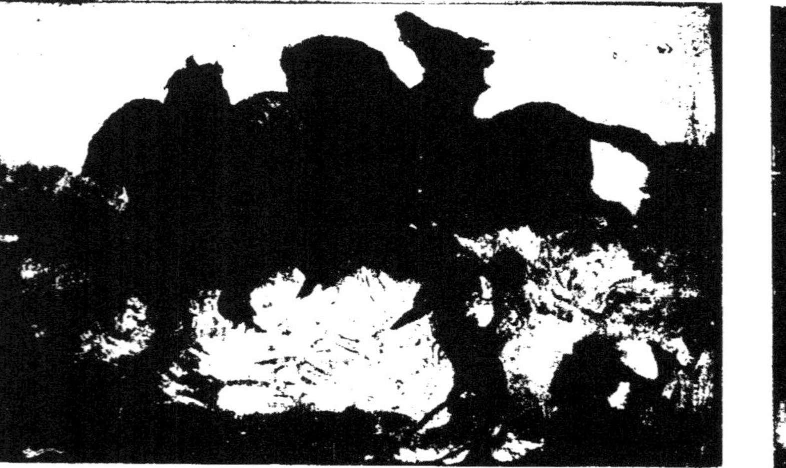

N° 130

Chevaux dans la campagne [illegible]

Exposition Nationale des Beaux-Arts 189[illegible].
Exposition Maison d'Art Bruxelles 189[illegible].

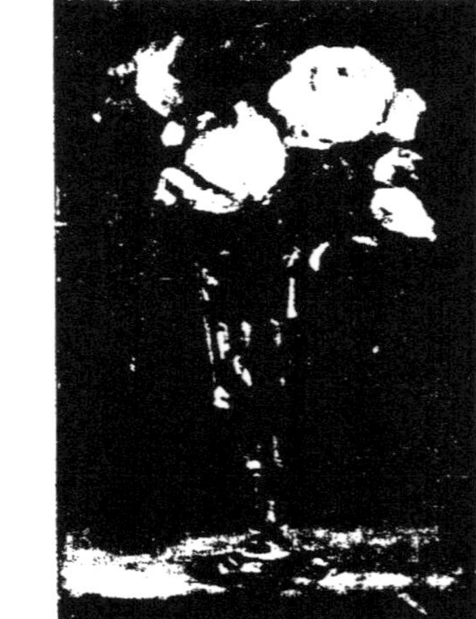

N° 127

Exposition Nationale des Beaux-Arts 1894.
Exposition Maison d'Art Bruxelles 189[illegible].
Salon d'Automne. Rétrospective [illegible] 1905.
Exposition du Jeu de Paume 1912.

125. — *Épisode du siège de Paris (1870) : départ des troupes par temps de brouillard.*

Signé à droite.
Toile.

Haut., 0 m. 34; larg., 0 m. 55.

Exposition École Nationale des Beaux-Arts, Paris, 1894. — No 115.
Exposition Maison d'art, Bruxelles, 1896. — No 40.
Exposition au Jeu de Paume (Tuileries), 1912. — No 246.

126. — *Mise au tombeau.*

Signé à droite.
Toile sur carton.

Haut., 0 m. 25; larg., 0 m. 30 1/2.

Exposition École Nationale des Beaux-Arts, Paris, 1894, sous le titre : *Christ mort.* — No 33.
Exposition Maison d'Art, Bruxelles, 1896. — No 16.

127. — *Roses dans un verre.*

Signé à droite.
Toile.

Haut., 0 m. 32 1/2; long., 0 m. 22.

Exposition École Nationale des Beaux-Arts, Paris, 1894. — No 64.
Exposition Maison d'Art, Bruxelles, 1896. — No 24.
Salon d'Automne (Rétrospective Carpeaux), 1907. — No 66.
Exposition au Jeu de Paume (Tuileries), 1912. — No 238.

128. — *Coucher de soleil.*

Paysage.
Signé à droite.
Toile.

Haut., 0 m. 35; larg., 0 m. 45.

Exposition École Nationale des Beaux-Arts, Paris, 1894. — No 82.
Exposition Maison d'Art, Bruxelles, 1896, sous le titre : *Paysage, crépuscule.* — No 34.
Exposition au Jeu de Paume (Tuileries), 1912. — No 237.

129. — *Tête d'Homme.*

Traces de signature à droite.
Toile sur carton.

Haut., 0 m. 33 1/2; larg., 0 m. 27 1/2.

Exposition École Nationale des Beaux-Arts, Paris, 1894.

130. — *Chevaux dans la campagne romaine.*

Signé à gauche.
Peinture sur carton.

Haut., 0 m. 23; larg., 0 m. 35.

Exposition École Nationale des Beaux-Arts, Paris, 1894, sous le titre : *Courses de chevaux sauvages au Corso.* — N° 70.
Exposition Maison d'Art, Bruxelles, 1896. — N° 25.

131. — *Paysage italien.*

Signé à droite.
Étude faite par Carpeaux lors de son séjour à Rome.
Toile.

Haut., 0 m. 32; larg., 0 m. 36

Exposition École Nationale des Beaux-Arts, Paris, 1894. — N° 109.
Exposition au Jeu de Paume (Tuileries), 1912. — N° 232.

132. — *Descente de Croix, d'après Rubens.*

A gauche, cachet de cire aux initiales de Carpeaux.
Peinture sur carton.

Haut., 0 m. 41; larg., 0 m. 24.

Exposition École Nationale des Beaux-Arts, Paris, 1894. — N° 84.
Exposition Maison d'Art, Bruxelles, 1896. — N° 31.

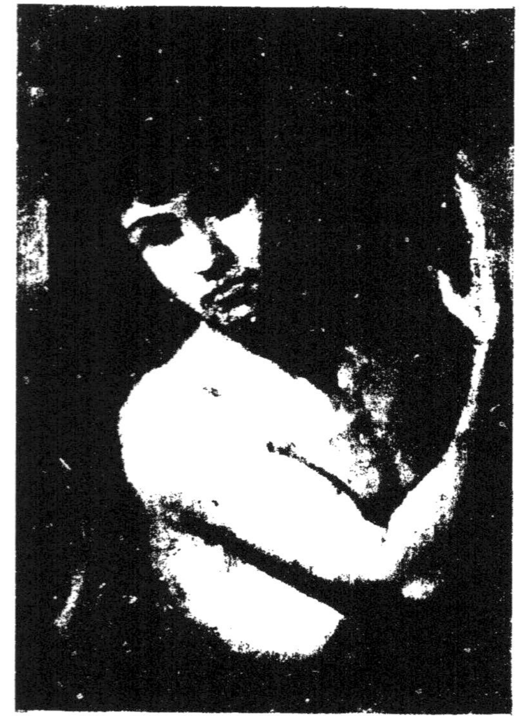

N° 134

[illegible]

Exposition du Jeu de Paume 1912.

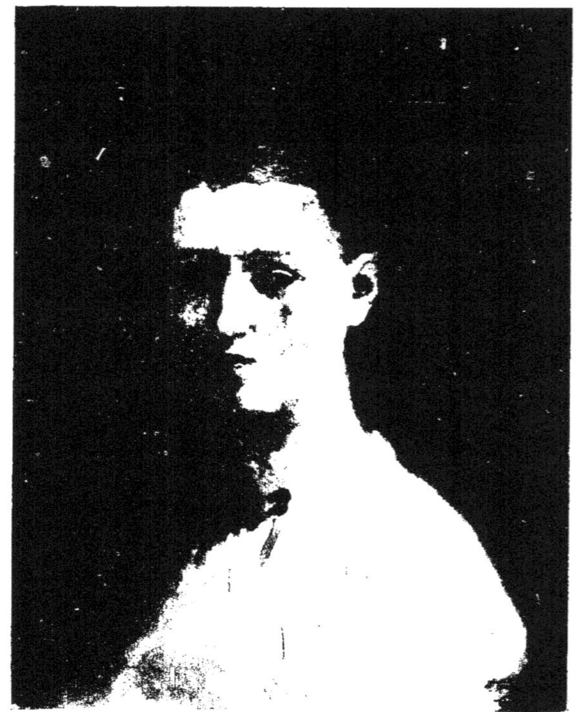

N° 133

Portrait de Mlle [illegible]

Exposition [illegible] 1894.

Exposition au Jeu de Paume, 1912.

133. — *Portrait de Mlle Barbe de M***.*

Signé à droite.
Toile sur carton.

Haut., o m. 52; larg., o m. 40.

Exposition École Nationale des Beaux-Arts, Paris, 1894. — N° 40.
Exposition au Jeu de Paume (Tuileries), 1912. — N° 244.

134. — *Saint Jean.*

Signé à gauche.
Toile sur carton.

Haut., o m. 56; larg., o m. 38.

Exposition au Jeu de Paume (Tuileries), 1912. — N° 245.

135. — *Deux compositions sur toile :*

1° *La Mort d'Ananie.*

Peinture en grisaille.
A gauche, cachet de cire aux initiales de Carpeaux.

Haut., o m. 30; larg., o m. 50.

2° *La Prédication.*

Étude à l'encre et au crayon.

Haut., o m. 30; larg., o m. 50.

136. — *Mgr Darboy dans sa prison.*

Signé à droite.
Toile.

Haut., o m. 57; larg. o m. 68.

Exposition École Nationale des Beaux-Arts, Paris, 1894, sous le titre : « *Mgr Darboy au milieu de ses geôliers.* » — N° 19.

137. — *Le Mariage chrétien.*

A gauche, cachet de cire aux initiales de Carpeaux.
Toile.

Haut., o m. 38; larg., o m. 45.

138. — *Vénus, Mercure et Cupidon.*

Copie d'après le tableau du Corrège, de la *National Gallery*, et exécutée à Londres en 1872.

Signé dans le haut à droite : *Bte Carpeaux d'après le Corrège.*

Toile.

Haut., 1 m. 45 ; larg., 0 m. 90.

Exposition École Nationale des Beaux-Arts, Paris, 1894. — N° 51.
Salon d'Automne (Rétrospective Carpeaux), 1907. — N° 62.
Exposition au Jeu de Paume (Tuileries), 1912.

139. — *La Confidence.*

Grisaille d'après le projet d'un groupe actuellement au musée de Valenciennes.

A gauche, cachet de cire aux initiales de Carpeaux.

Toile.

Haut., 1 m. 17 ; larg., 0 m. 90.

Exposition au Jeu de Paume (Tuileries), 1912. — Hors catalogue.

140. — *Un Bal au Palais des Tuileries, 1867.*

Dans la salle des Maréchaux, on aperçoit à droite, sur l'estrade : l'Empereur, l'Impératrice, la Princesse Mathilde et le Roi des Belges. Devant les souverains, les couples enlacés se livrent au plaisir de la danse.

Signé à droite et daté : 1868.

Toile.

Haut., 0 m. 60 ; larg., 0 m. 73.

Exposition École Nationale des Beaux-Arts, Paris, 1894. — N° 30.
Exposition au Jeu de Paume (Tuileries), 1912. — N° 229.

141. — *Portrait de M. Charlery de la Masselière.*

Signé à gauche.

Panneau.

Haut., 0 m. 29 1/2 ; larg., 0 m. 24.

Exposition École Nationale des Beaux-Arts, Paris, 1894. — N° 35.
Exposition Maison d'Art, Bruxelles, 1896. — N° 17.
Salon d'Automne (Rétrospective Carpeaux), 1907. — N° 56.

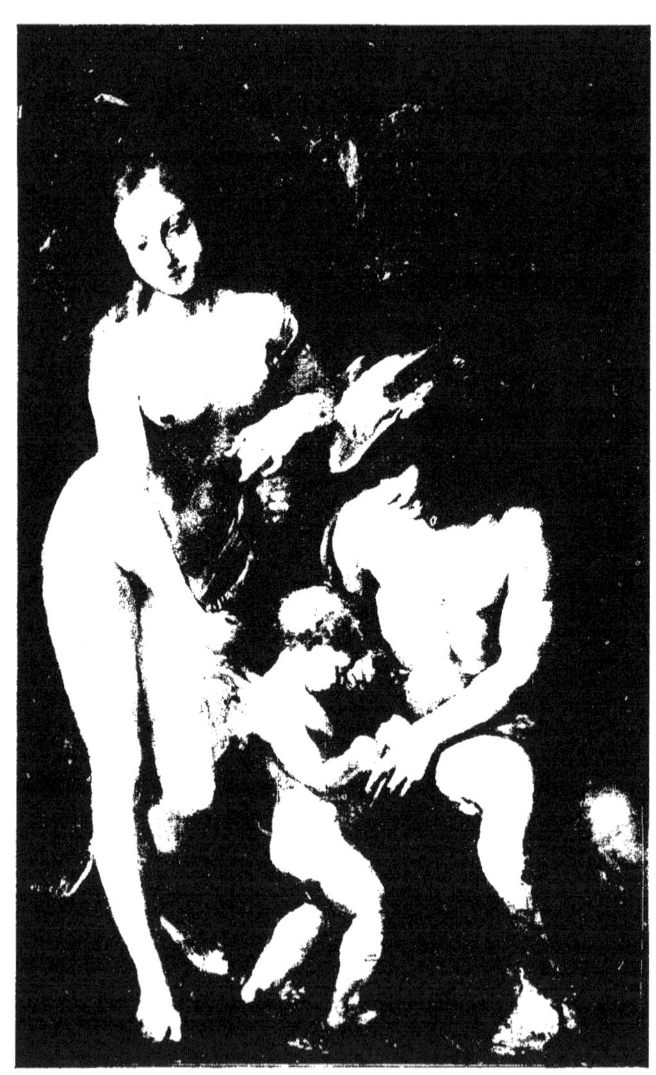

N° 138

Vénus, Mercure et Cupidon.

Copie d'après le tableau de la National Gallery de Londres.

Exécuté à Londres en 1872.

Exposition École Nationale des [illegible] 18[illegible]

Salon d'automne Rétrospective Carpeaux 1907

Exposition [illegible] 1912

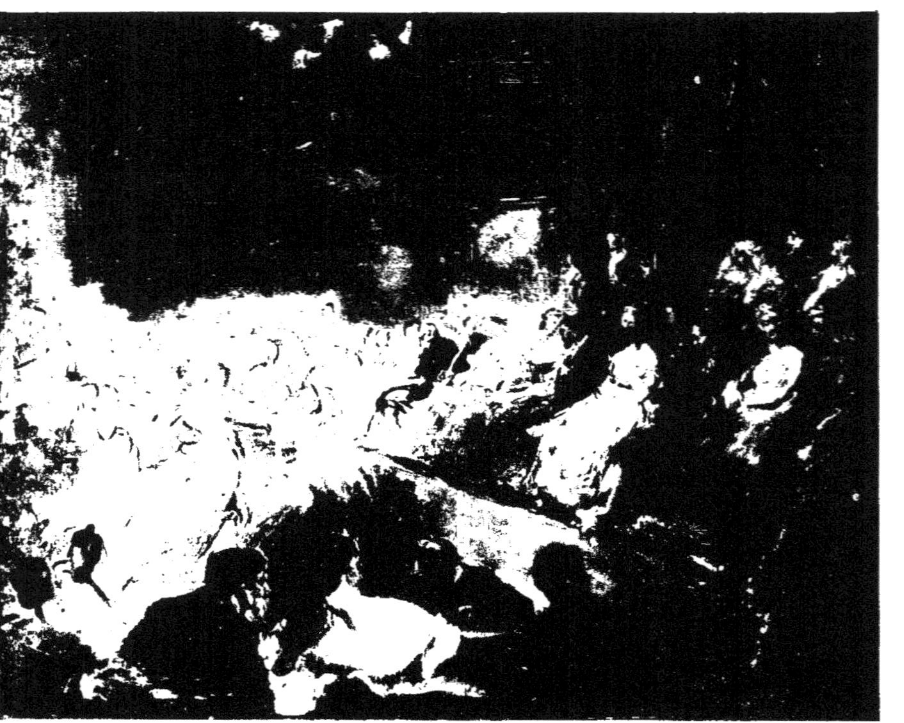

[illegible]
× 140

[illegible]
[illegible]

142. — *Vue de Londres : la Tamise et les ponts.*

A gauche, cachet de cire aux initiales de Carpeaux.
Toile.

Haut., 0 m. 41 ; larg., 0 m. 32.

143. — *Coucher de soleil ; paysage.*

Signé à gauche.
Toile sur carton.

Haut., 0 m. 27 ; larg., 0 m. 41 1/2.

144. — *Le Retour du Calvaire.*

A gauche, cachet de cire aux initiales de Carpeaux.
Toile sur carton.

Haut., 0 m. 54 ; larg., 0 m. 44.

145. — *Un Martyr chrétien.*

Signé à droite.
Toile.

Haut., 0 m. 41 ; larg., 0 m. 32.

Exposition École Nationale des Beaux-Arts, Paris, 1894. — N° 8.
Exposition Maison d'Art, Bruxelles, 1896. — N° 33.

146. — *Paysage au soleil couchant.*

A gauche, cachet de cire aux initiales de Carpeaux.
Toile sur carton.

Haut., 0 m. 18 ; larg., 0 m. 26.

147. — *Les Apôtres en présence du Saint-Esprit.*

A gauche, cachet de cire aux initiales de Carpeaux.
Toile.

Haut., 0 m. 40 ; larg., 0 m. 32.

148. — *Le Christ et les saintes Femmes.*

Signé à droite.
Toile.

Haut., 0 m. 32 1/2 ; larg., 0 m. 24.

Exposition École Nationale des Beaux-Arts, Paris, 1894, n° 31, sous le titre de : « *Mise au tombeau* ».

149. — *Mer déferlant.*

Panneau.
Signé à droite.

Haut., 0 m. 15; larg. 0 m. 31.

150. — *Pont de pierre sur un cours d'eau.*

Signé à gauche.
Peinture sur carton.

Haut., 0 m. 17; larg., 0 m. 28.

Exposition École Nationale des Beaux-Arts, Paris, 1894, n° 110, sous le titre : « *Paysage avec pont* ».
Exposition au Jeu de Paume (Tuileries), 1912. — N° 241.

151. — *Tête de Femme.*

A gauche, l'inscription : « *Bravo.* »
A droite, cachet de cire aux initiales de Carpeaux.
Toile.

Haut., 0 m. 33; larg., 0 m. 24.

152. — *Site montagneux.*

Signé à droite.
Toile sur panneau.

Haut., 0 m. 24; larg., 0 m. 40 1/2.

153. — *Portrait de l'artiste.*

Panneau.
A gauche, cachet de cire aux initiales de l'artiste.

Haut., 0 m. 32; larg., 0 m. 29.

154. — *Falaises bretonnes.*

Signé à gauche.
Toile.

Haut., 0 m. 37; larg., 0 m. 59.

Exposition École Nationale des Beaux-Arts, Paris, 1894. — N° 28.
Exposition Maison d'Art, Bruxelles, 1896. — N° 14.

155. — *Étude.*

DESSINS PAR CARPEAUX

156. — *Épisode du siège de Paris.*

Dessin à la sépia.

Haut., 0 m. 86; larg., 0 m. 66.

Exposition École Nationale des Beaux-Arts, Paris, 1894, où ce dessin était exposé avec les tableaux. — N° 58.

157. — *Apparition.*

Signé à droite.
Dessin au crayon noir, rehaussé de blanc.

Exposition École Nationale des Beaux-Arts, Paris, 1894. — N° 234.

158. — *Pieta.*

Dessin au crayon noir et à la plume, sur toile.

Exposition École Nationale des Beaux-Arts, Paris, 1894, sous le titre : « *Mater Dolorosa* ». — N° 274.

159. — *Étude d'après le Jugement dernier.* (*Michel-Ange.*)

Dessin au crayon rehaussé.
Sanguine.

160. — *Le Siège de Paris, 1871. — Les Ambulances.*

Signé à droite et daté : *1871*.
Dessin rehaussé de pastel.

Exposition École Nationale des Beaux-Arts, Paris, 1894. — N° 283.

161. — *Le Siège de Paris, 1871.*

Signé à droite.
Dessin à la plume.

Exposition École Nationale des Beaux-Arts, Paris, 1894. — N° 260.

162. — *Pièce en batterie. (Siège de Paris, 1871.)*
Dessin à la plume, sur panneau.
Exposition École Nationale des Beaux-Arts, Paris, 1894. — N° 201.

163. — *Les Enfants de Carpeaux, dormant.*
Dessin au crayon noir, signé.
Exposition Centennale, Paris, 1900. — N° 779.
Exposition École Nationale des Beaux-Arts, Paris, 1894. — N° 151.
Salon d'Automne (Rétrospective Carpeaux), 1907. — N° 65.
Exposition au Jeu de Paume (Tuileries), 1912. — N° 273.

164. — *L'Attentat de Berezowski.*
Préparation pour la toile du Louvre.
Dessin à la plume, sur toile.

165. — *Femme couchée.*
Signé à droite.
Dessin au crayon noir rehaussé de blanc.
Exposition École Nationale des Beaux-Arts, Paris, 1894. — N° 318.
Exposition Centennale 1900, sous le titre : « *Femme nue* ». — N° 781.
Salon d'Automne (Rétrospective Carpeaux), 1907. — N° 93.
Exposition au Jeu de Paume (Tuileries), 1912. — N° 29.

166. — 1° *Buste de Jeune Femme.*
2° *Tête d'Homme.*
3° *Jeune Fille assise.*
Trois dessins au crayon noir, dont deux rehaussés de blanc.

167. — *Portrait de Jeune Femme en toilette de bal.*
Dessin au crayon noir, rehaussé de blanc, avec annotations : « *chez la Princesse Mathilde, le 11 mai, jour de ma naissance.* »
Exposition École Nationale des Beaux-Arts, Paris, 1894. — N° 200.
Exposition Maison d'Art, Bruxelles, 1896. — N° 60.
Salon d'Automne (Rétrospective Carpeaux), 1907. — N° 88.
Exposition au Jeu de Paume (Tuileries), 1912. — N° 271.
A figuré à plusieurs expositions sous le titre : « *Chez la Princesse Mathilde.* »

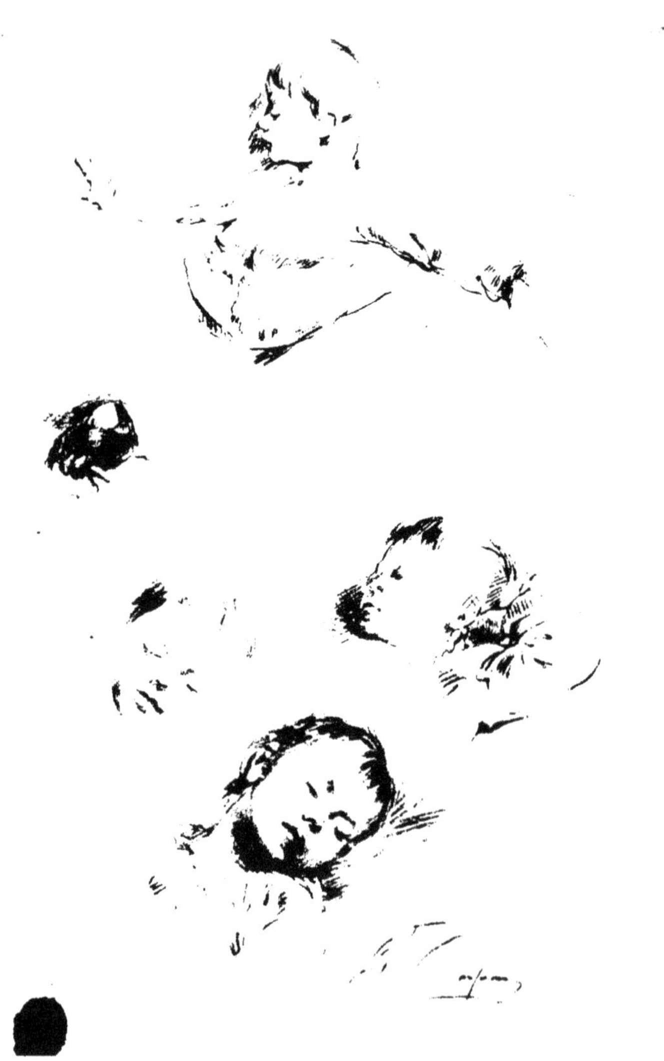

N° 103

Les enfants de [illegible] Lerouart.

Exposition Centennale 1900.

Exposition Nationale [illegible] 1896.

Salon d'automne, Rétrospective Carrière 1907.

Exposition [illegible] 19[illegible].

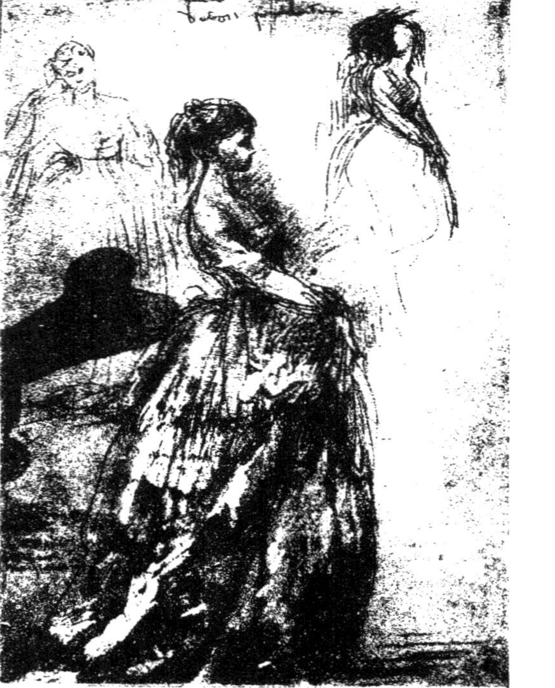

N° 167

Portrait [illegible]

a figuré à la deuxième exposition [illegible]

Chez la Princesse Mathilde.

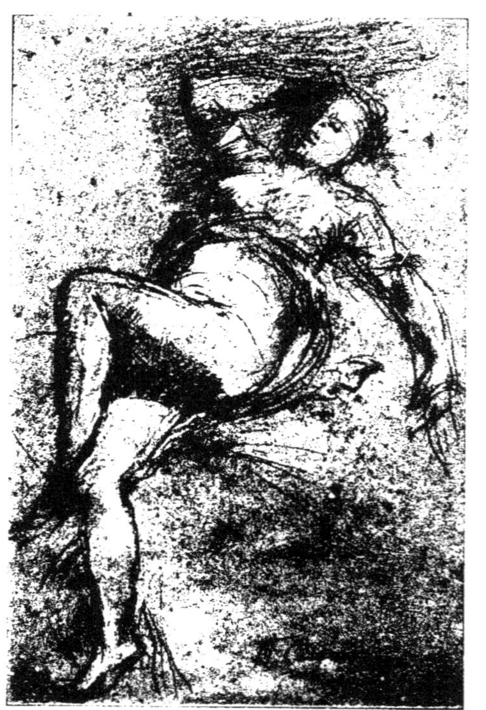

N° 165

Femme [illegible]

168\. — 1° *Le Cercueil de l'Empereur Napoléon III.*
2°, 3° et 4° *Trois croquis de l'Empereur, debout ou à cheval et en tenue de chasse.*
5° *Le Prince Impérial apprenant ses leçons.*
6° *L'Impératrice en tenue de bal.*

Six dessins au crayon noir, dont trois signés et datés.

Exposition École Nationale des Beaux-Arts, Paris, 1894. — N° 224.
Exposition Maison d'Art, Bruxelles, 1896. — N° 66.
Salon d'Automne (Rétrospective Carpeaux), 1907. — N° 89.
Exposition au Jeu de Paume (Tuileries), 1912. — N° 268.

169\. — *L'Impératrice Eugénie en toilette de bal.*

Dessin au crayon noir rehaussé de blanc.
Signé à gauche avec la mention : *Saint-Cloud.*

Exposition École Nationale des Beaux-Arts, Paris, 1894 (Partie du n° 248 du catalogue).
Exposition Maison d'Art, Bruxelles, 1896. (Partie du n° 75 du catalogue).
Salon d'Automne (Rétrospective Carpeaux), 1907. — N° 91.
Exposition au Jeu de Paume (Tuileries), 1912. — N° 267.

170\. — *Études d'après le Prince Impérial :* 1° *La Leçon de violon ;*
2° *La Leçon de danse ;*
3° *Le Prince en tenue de grenadier.* (Étude pour la statue représentant le prince impérial).

Trois dessins à la plume.

Exposition au Jeu de Paume (Tuileries), 1912. — N° 304.

171\. — *Hyde Park. (Londres.)*

Onze études d'amazones (Lady Godiva), de chevaux et de chiens.

Dessin au crayon noir et à la plume.

Exposition École Nationale des Beaux-Arts, Paris, 1894. — N° 230.
Exposition Maison d'Art, Bruxelles, 1896. — N° 68.
Exposition au Jeu de Paume (Tuileries), 1912. — N° 287.

172. — *Lison.*

Cinq dessins au crayon noir, dont deux signés et datés : *1872.*

Exposition au Jeu de Paume (Tuileries), 1912. — N° 294.

173. — *Visions dans les nuages.*

Huit dessins au crayon noir rehaussé de blanc, et dont l'un est signé à gauche.

Exposition École Nationale des Beaux Arts, Paris, 1894. — N° 180.
Exposition Maison d'Art, Bruxelles, 1896. — N° 54.

174. — *Chevauchée* (silhouette de nuage).

Dessin au crayon noir.
Les formes des nuages, dont Carpeaux se plaisait à suivre l'infinie variété, ont inspiré à l'artiste la composition de plusieurs de ses dessins (voir n° 188 du présent Catalogue).

Exposition École Nationale des Beaux-Arts, Paris, 1894. — N° 160.
Exposition Maison d'Art, Bruxelles, 1896. — N° 71.

175. — *Au Sermon.*

Signé à droite et daté : *1863.*
Dessin au crayon noir.

Exposition École Nationale des Beaux-Arts, Paris, 1894. — N° 252.
Exposition Maison d'Art, Bruxelles, 1896. — N° 76.

176. — *L'Empereur Napoléon III dans son cercueil.*

Signé à droite.
Dessin au crayon noir.
Réplique du dessin exécuté pour le prince Impérial et actuellement au musée de Versailles.

Salon d'Automne (Rétrospective Carpeaux), 1907. — N° 87.
Exposition au Jeu de Paume (Tuileries), 1912. — N° 266.

177. — *Saint Jérôme.*

Dessin au crayon noir.
A gauche, cachet de cire avec monogramme.

Exposition au Jeu de Paume (Tuileries), 1912. — N° 301.

178. — *Portrait de Watteau.*

D'après une estampe prêtée par le marquis de Piennes, à l'époque où l'artiste réunissait des documents pour exécuter sa statue de Watteau pour la ville de Valenciennes.
Dessin à la mine de plomb, rehaussé de blanc.

Exposition au Jeu de Paume (Tuileries), 1912. — N° 283.

179. — *Six études d'après Watteau.*

Dessin au crayon noir.

Exposition au Jeu de Paume (Tuileries), 1912. — N° 282.

180. — *Étude pour le fronton du Pavillon de Flore.*

Dessin à l'encre.

Exposition Ecole Nationale des Beaux-Arts, 1894. — N° 192.
Exposition Maison d'Art, Bruxelles, 1896. — N° 59.

181. — *Croquis d'Enfants.*

Motifs de sculpture décorative.
Huit dessins, dont quatre signés, au crayon noir et à l'encre.

Exposition Ecole Nationale des Beaux-Arts, Paris, 1894. — N° 297.
Exposition Maison d'Art, Bruxelles, 1896.

182. — *Personnages politiques.*

Six caricatures : Gambetta, Crémieux, le Prince Jérôme, etc.
Dessin au crayon rehaussé de blanc.
Signés, les uns, en toutes lettres, les autres du monogramme.

Exposition Ecole Nationale des Beaux Arts, Paris, 1894. — N° 134.
Exposition Maison d'Art Bruxelles, 1896. — N° 47.
Salon d'Automne (Retrospective Carpeaux), 1907. — N° 94.
Exposition au Jeu de Paume (Tuileries), 1912. — N° 269.

183. — *Étude de chevaux.*

Dessin à droite.
Dessin à la mine de plomb, rehaussé de blanc.
Signé à droite.

184. — *Portrait de M. le Vicomte de M....*

Dessin au crayon noir, rehaussé de blanc.

Exposition École Nationale des Beaux-Arts, Paris, 1894. — N° 128.

185. — *Le Jugement dernier* (d'après Michel-Ange).

Dessin au crayon noir.

186. — *Cavalier dans la neige.*

Signé à gauche.
Dessin rehaussé de gouache.
A figuré à plusieurs expositions sous le titre : *Calabrais à cheval par la neige.*

Exposition École Nationale des Beaux-Arts, Paris, 1894. — N° 235.
Exposition Maison d'Art, Bruxelles, 1896. — N° 69.
Salon d'Automne (Rétrospective Carpeaux), 1907. — N° 92.
Exposition au Jeu de Paume (Tuileries), 1912. — N° 288.

187. — *Une Réunion de politiciens.*

Dessin au crayon noir, rehaussé de blanc.
Monogramme à droite, avec la date : *Pâques 72.*

188. — *Chevauchée.* (Silhouette de nuage.)

Signé à droite.
Dessin au crayon rehaussé.

Exposition École Nationale des Beaux-Arts, 1894. — N° 240.

189. — *Portrait du Marquis de Piennes, écuyer de l'Impératrice.*

Dessin au crayon noir.

Salon d'Automne (Rétrospective Carpeaux), 1907. — N° 102.
Exposition au Jeu de Paume (Tuileries), 1912. — N° 279.

190. — *Etude pour la statue de Rabelais.*

Dix-sept croquis à la plume et au crayon.

Signé à droite, avec mention : « *Projet d'une statue à Rablais* » (sic).

Exposition Ecole Nationale des Beaux-Arts, 1894. — N° 225.

191. — *Portrait de M. X...*

Pastel.

Haut., 0 m. 39 ; larg., 0 m. 29.

192. — *Tête de Vieillard.*

Dessin au crayon noir.

193. — *Études pour la statue du Prince Impérial.*

Trois dessins au crayon noir dont l'un est signé à gauche, avec la mention : *Palais de Compiègne.*

Au verso : *Le Prince Impérial prenant sa leçon de danse.*

Dessin au crayon noir.

194. — *Étude de cheval.*

Dessin au crayon noir.

195. — *Quatre croquis.*

Dessin à la plume.

196. — *Projet pour la décoration du Pavillon de Flore.*

Dessin au crayon noir et à l'encre.

197. — *Etudes d'Hommes et de Femmes.*

Trois dessins au crayon noir.

198. — 1° *Homme debout.*
2° *Scène infernale.*
3° *Étude d'après l'Antique.*

Trois dessins au crayon noir.

199. — *Étude de main et dessin, d'après Michel-Ange.*

Trois dessins à la plume ou au crayon, et dont l'un est signé.

200. — *1° Enfant.*

2° Une bataille.

3° Homme assis.

4° Femme.

5° Homme assis.

6° Femme accroupie.

Six dessins au crayon noir.

201. — *Paysage.*

Pastel.

Haut., 0 m. 17 ; larg., 0 m. 28.

202. — *Trois dessins :*

1° *Lampadaire.*

Dessin au crayon noir, rehaussé de blanc.

2° *Étude pour la fontaine de Watteau à Valenciennes.*

Dessin au crayon noir.

3° *Au spectacle.*

Dessin au crayon noir.

203. — *Trois dessins :*

1° *Buste d'Homme.*

Dessin au crayon noir.

2° *Diane.*

Dessin à la plume.

3° *Homme assis.*

Dessin au crayon noir.

204. — *Études pour le groupe de la Danse. (Théâtre de l'Opéra, Paris.)*

1° *Recherches pour le groupe sculpté par l'artiste et soumis à Garnier, architecte de l'Opéra,* lequel fit considérablement réduire le nombre des figures.

2° *Portrait de Carpeaux par lui-même.*

Quatre dessins au crayon et à la plume.

205. — 1° *Tulipes.*

Aquarelle.

2° *Femme et Jeune Fille agenouillée.*

Croquis à la plume.

Au verso :

3° *Femme et enfants.*

Dessin au crayon noir.

206. — *Rabelais.*

Trois dessins à la plume, dont un sur papier bleu.

Au verso :

Rabelais dans son fauteuil.

Croquis à la plume.

207. — *Projet pour une statue de la Ville de Paris dont l'esquisse est au musée de Valenciennes.*

Trois dessins sur papier de couleur, crayon noir rehaussé de blanc.

208. — 1° *Les Trois Grâces.*

Étude pour le groupe original du même sujet.

— 2° *L'Ève tentée.*

Trois dessins à la plume. Au verso, deux dessins du même sujet.

209. — *Une Rue du vieux Paris.*

Dessin au crayon noir rehaussé de blanc.

210. — *La Négresse.*

Étude pour la fontaine de l'Observatoire.
Dessin au crayon noir.

211. — *Études pour le Pavillon de Flore.* (Monument des Tuileries.)

Six dessins à la plume et au crayon.

212. — *Flore.*

Premier projet pour le bas relief de *Flore*, variante de l'exécution définitive.
Signé dans le bas, au milieu.
Dessin à la plume.

213. — *Projet pour le monument : « la Tragédie et la Musique », première commande faite à Carpeaux pour la décoration de l'Opéra.*

Trois dessins au crayon et un dessin à la plume.

214. — *La Famille Impériale.*

Quatre dessins au crayon noir.
Monogramme de l'artiste, sur le dessin représentant l'Impératrice.

215. — *Motifs d'après Watteau.*

Quatre dessins à la mine de plomb.

216. — *Gounod.*

Deux dessins au crayon noir.
Au verso, un dessin représentant également *Gounod*.

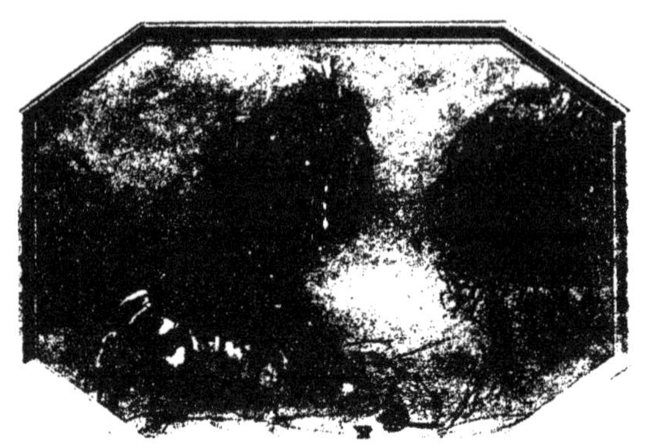

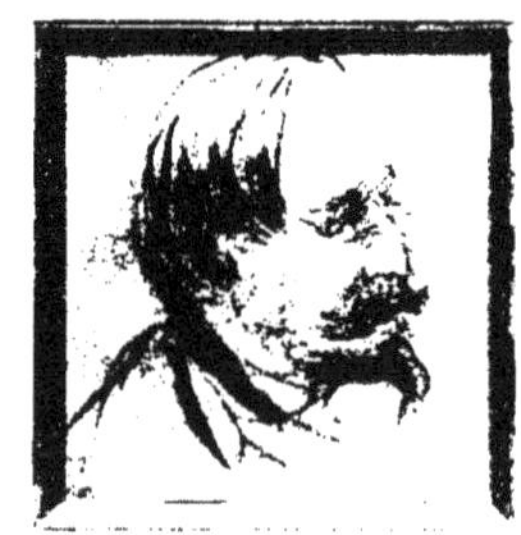

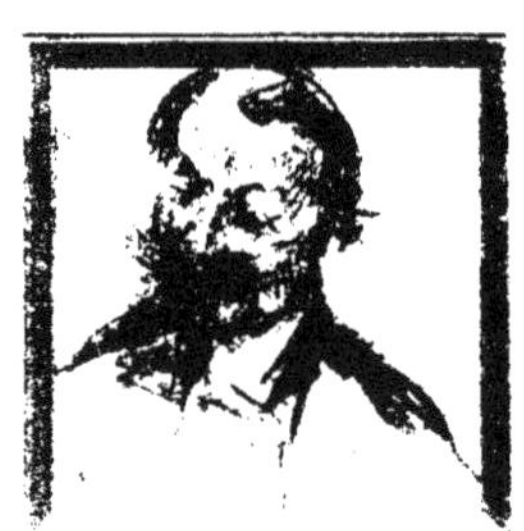

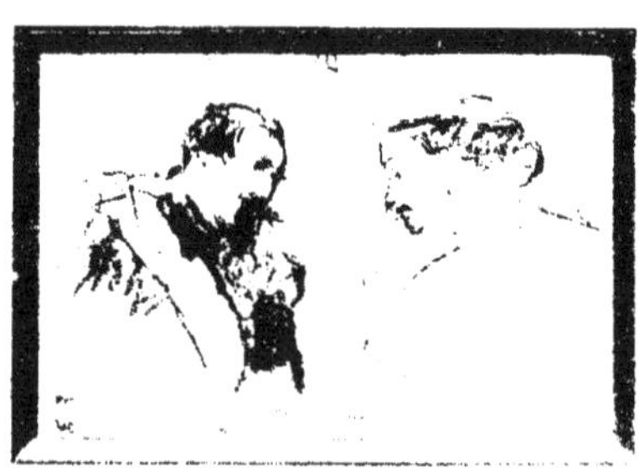

N° 214

La famille impériale

217. — *Trois croquis rehaussés de pastel :*

1° Deux études faites par l'artiste pendant les brillantes réceptions aux Tuileries en 1867, et qui lui servirent pour ses tableaux : *Bal costumé aux Tuileries, Bal aux Tuileries*, acquis par le musée du Louvre.

2° Croquis pour le *Quadrille officiel à Compiègne*, dont le dessin est au musée du Louvre.

218. — *Cinq dessins :*

1° *Le Christ guérissant les malades, d'après Rembrandt.*
Dessin à la sanguine.

2° et 3° *Deux études, d'après Michel-Ange.*
Dessin au crayon noir.

4° *Dans l'Église.*
Dessin au crayon noir rehaussé de blanc.

5° *Enfants.*
Dessin au crayon noir.

219. — *Vautours et perroquets.*
Deux dessins au crayon noir.

220. — *Trois dessins au crayon noir :*

1° *Lion debout.*
2° *Deux Têtes de lions.*
3° *Lion couché.*

Signé et daté : *Londres, 1872.*

221. — *Deux dessins :*

1° *Types populaires (Londres).* Crayon noir.
2° *Études à la plume.*

222. — *Deux dessins au crayon noir rehaussé de blanc :*

1° *Femme se coiffant.*
2° *Les Trois Grâces.*

223. — *Saint Sébastien.*

Dessin à la plume.

224. — *Les Saintes Femmes au tombeau.*

Dessin à la plume.

225. — *Six études d'après Watteau.*

Dessin à la mine de plomb.

Exposition au Jeu de Paume (Tuileries), 1912. — N° 283.

226. — 1° *Deux études pour la statuette de « l'Enfant au cor »* (d'après l'Antique).

2° *Femme debout.*

Trois dessins au crayon noir et à la plume.

227. — *Deux dessins :*

1° *Alexandre après le meurtre de Clytus.*

Dessin au crayon. (Concours d'école.)

2° *Cérémonie du sacre d'un roi de France.*

Dessin à la plume.

228. — *Chevaux et taureaux.*

Deux croquis à la plume.

Le croquis : « *Taureaux* » a servi pour le grand dessin du musée de Valenciennes.

229. — *Deux dessins à la plume :*

1° *Projet de cariatide.*

2° *Groupe d'enfants jouant avec un âne.*

Projet pour l'eau-forte du même sujet, dont le cuivre figure au présent catalogue sous le n° 258.

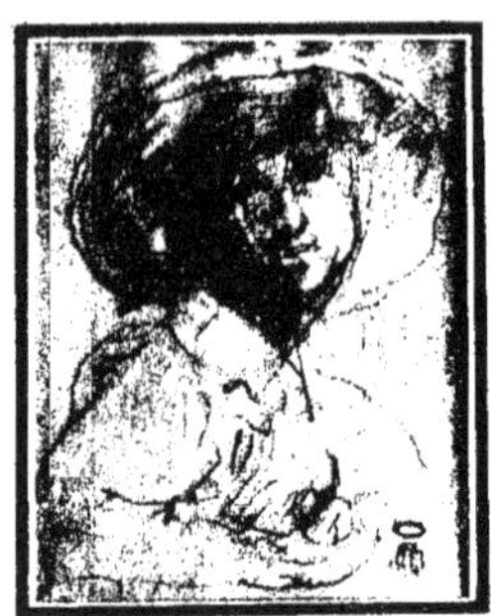
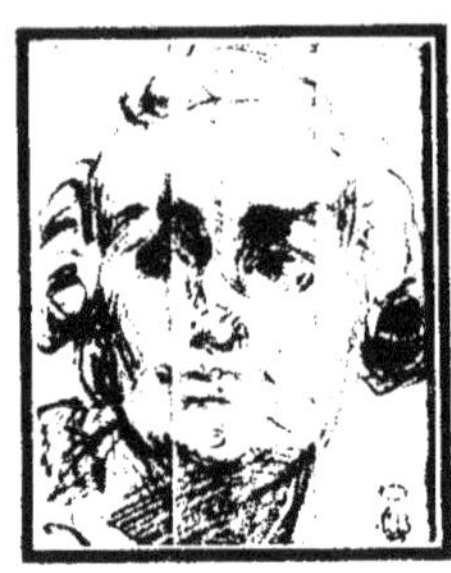
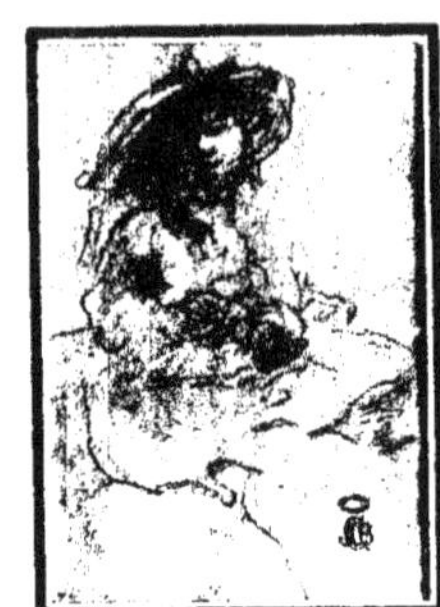

N° 166

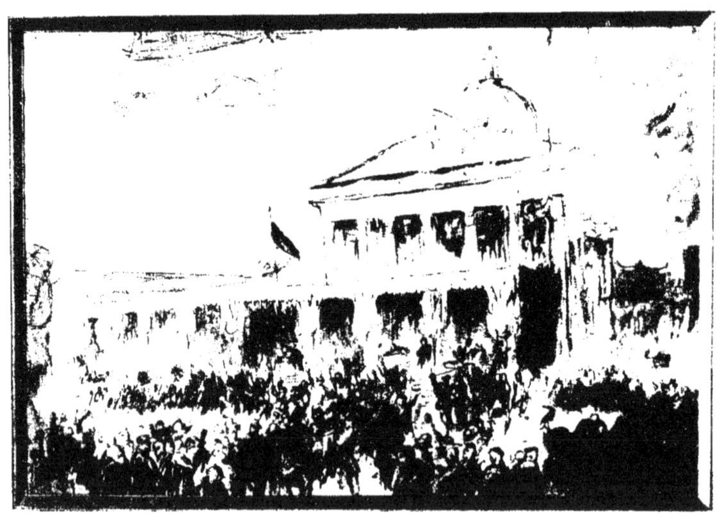

N° 234

La proclamation de la République.

Verso : Un incendie

230. — *Étude pour le monument de don Pedro, Empereur du Brésil.*

Dessin au crayon noir sur papier teinté.

231. — *Trois dessins :*

1° *Ugolin et ses enfants.*

Dessin à la plume, annoté, exécuté par l'artiste pour la commande de la selle destinée à supporter son groupe en terre glaise.

2° *Variante du groupe d'« Ugolin et ses enfants ».*

Dessin au crayon noir.

3° *Étude pour « Ugolin ».*

Dessin au crayon noir.

232. — *Trois dessins :*

1° *Daphnis et Chloé.*

Croquis à la plume, sur papier bleu.

2° *Paul et Virginie.*

Projet d'un groupe exécuté par l'artiste.

Dessin au crayon noir.

3° *Paul et Virginie.*

Dessin à la plume.

233. — *Deux dessins à la plume :*

1° *Composition pour la façade du Pavillon de Flore.*

2° *Défense de la Patrie.*

Étude pour la décoration de l'Hôtel de Ville de Valenciennes.

Dans le bas, l'inscription : *La Ville de Valenciennes a bien mérité de la Patrie, 1793.*

234. — *Deux dessins :*

1° *La Proclamation de la République.*

Sépia rehaussée.

2° Au verso : *Un Incendie.*

Sépia rehaussée.

235. — *Trois dessins :*

1° *Femme couchée.*

Dessin au crayon noir rehaussé de blanc.

2° et 3° *Études.*

Deux dessins au crayon noir.

236. — *Quatre dessins :*

1° *Femme assise.*
Dessin au crayon noir.

2° *Feuille de croquis à la plume.*

3° *Étude d'après l'antique.*
Dessin à la plume.

4° *Femme assise.*
Dessin au crayon noir.

237. — *Études de chevaux :*

1° *Cheval de profil.*
Dessin à la plume.

2° *Cheval se cabrant.*
Dessin au crayon noir.

238. — *Deux dessins :*

1° Étude d'après laquelle Carpeaux composa la toile du musée du Louvre, intitulée : *Retour des Souverains de la Grande Revue, 1867, attentat de Berezowski.*

2° *Cavaliers.*

Deux dessins au crayon noir.

239. — *Deux dessins :*

1° *Émeute dans Paris.*

Dessin au crayon noir, daté : *1869.*

2° *Une Rue de Paris pendant la guerre de 1870-1871.*

Dessin au crayon noir et à la mine de plomb, daté : *19 7bre 70.* — Sur feuille de papier à lettres portant l'en-tête : *Quartier Général, 3me secteur, 17, rue de l'Argonne, Paris, 1870.*

240. — *Réquisition de chevaux, scène du siège de Paris.*

Pastel.
Signé à droite.

Exposition École Nationale des Beaux-Arts, Paris, 1894. — N° 150.
Exposition au Jeu de Paume (Tuileries), 1912. — N° 290.

241. — *Épisodes de la Guerre (1870-1871).*

Cinq croquis au crayon noir.

ALBUMS DE DESSINS

PAR CARPEAUX

242. — *Le Siège de Paris* (1870-1871).

Album de 40 croquis au crayon noir, sur 35 feuillets.

243. — *Croquis divers : Réunions publiques, Églises, Chevaux. — Londres, 1871.*

Crayon noir et pastel.

Album de 52 feuillets, avec nombreuses annotations par l'artiste qui a inscrit en première page : *Ce carnet appartient à J. Bte Carpeaux, 34, Brompton Square, South Kensington. Londres, 27 avril 1871.*

244. — *Types populaires.*

Album de 46 feuillets, croquis au crayon noir.

245. — *Deux carnets de dessins au crayon noir :*

1° *Croquis d'amazones, Hyde Park. Londres.*

29 dessins sur 26 feuillets.

Sur le feuillet de garde, inscription par l'artiste : « *Ce carnet appartient à J. Bte Carpeaux, 34, Brompton Square, South Kensington. Londres.*

2° *Carnet de poche.*

23 pages de croquis avec plusieurs annotations par l'artiste.

246. — *Carnet de poche, daté avril 1865.*

74 feuillets de croquis.

A la suite du titre : « *Livre de mémoire, commencé le 1er avril 1865*, l'inscription par l'artiste : « *Appartenant à J. Bte Carpeaux, apprenti sculpteur, demeurant à Paris, rue du Faubourg Saint Honoré no 235.*

247. — *Album de 37 croquis.*

Sur 37 feuillets.

Animaux ; sujets mythologiques, classiques et populaires.

Dessins à l'encre et à la mine de plomb.

248\. — *Album de 34 croquis à la plume.*

Sur 31 feuillets.

249\. — *La Famille Impériale. — Gounod aux Tuileries.*

Album de 40 croquis au crayon noir, sur 29 feuillets.

250\. — *Sujets religieux.*

Album de 51 croquis, sur 46 feuillets.

251\. — *Animaux sauvages, etc.*

Album de 60 croquis, sur 51 feuillets.

252\. — *Premières idées des principales œuvres de Carpeaux.*

Album de 60 croquis, sur 43 feuillets.

253\. — *Le Siège de Paris (1870-1871).*

Album de 47 feuillets, avec de nombreuses annotations par l'artiste.

En tête, l'inscription : *Ce carnet appartient à J.-B. Carpeaux, au Palais du Luxembourg.*

254\. — *Sujets divers.*

Album de 30 croquis, sur 30 feuillets.

255\. — 1° *Compositions originales.*

181 dessins sur 47 feuillets.

2° *Compositions d'après l'antique.*

25 dessins sur 17 feuillets.

En un album à reliure maroquin rouge choisie par J.-B. Carpeaux qui y colla lui-même toute une série de dessins à la plume exécutés sur papier pelure, dessins qu'il se proposait de graver par la suite. Plusieurs études d'après des modèles ayant posé pour ses œuvres : *Napolitain, la Toilette, Frère et Sœur*, projets de groupes, etc.

Au feuillet n° 12, l'annotation, par l'artiste : *Valenciennes, le 11 mai 1860. Édition de Shakespeare, l'anniversaire de ma naissance.*

CUIVRES POUR EAUX-FORTES (*)

GRAVÉS PAR CARPEAUX

256. — *Les Brigands calabrais.*

Cuivre pour eau-forte.
Signé des initiales : *J.-C.*

Haut., o m. 11; larg., o m. 15.

Exposition École Nationale des Beaux-Arts, Paris, 1894. — No 435.
Salon d'Automne (Rétrospective Carpeaux), 1907. — No 147.

257. — *Ronde d'Enfants.*

Cuivre pour eau-forte.

Haut., o m. 11; larg., o m. 14 1/2.

Exposition École Nationale des Beaux-Arts, Paris, 1894. — No 436.
Salon d'Automne (Rétrospective Carpeaux), 1907. — No 148

258. — *Enfants jouant avec un âne.*

Cuivre pour eau-forte.

Haut., o m. 11; larg., o m. 14 1/2.

Exposition École Nationale des Beaux-Arts, Paris, 1894. — No 437.
Salon d'Automne (Rétrospective Carpeaux), 1907. — No 149.

259. — *Portrait d'Homme.*

Cuivre pour eau-forte.
Signé, avec dédicace.

Haut., o m. 10; larg., o m. 6.

* Les cuivres pour eaux-fortes seront vendus avec droit d'édition.

DESSINS

PAR EUGÈNE DELACROIX

(1798-1863)

260. — *Études de chiens.*

Treize croquis à la mine de plomb.
A droite, estampille de la vente Delacroix. 1864.

261. — *Étude de jambe.*

Dessin au crayon rouge et noir.
A droite, estampille de la vente Delacroix. 1864.

262. — *Torse d'Homme.*

Dessin au crayon rouge et noir.
A droite, estampille de la vente Delacroix. 1864.

263. — *Sept croquis d'anatomie.*

Dessin au crayon rouge et noir.
A droite, estampille de la vente Delacroix. 1864

264. — *Sept croquis d'anatomie.*

Dessin au crayon rouge et noir.
A droite, estampille de la vente Delacroix. 1864.

265. — *Études de muscles.*

Dessin au crayon rouge et noir.
A droite, estampille de la vente Delacroix. 1864.

266. — *Étude des muscles fléchisseurs de la jambe.*

Dessin au crayon rouge et noir.
Estampille de la vente Delacroix. 1864.

267. — 1° *Femme couchée.*
2° *Torse d'Homme.*

Dessin à la mine de plomb.
Estampille de la vente Delacroix, 1864.

268. — *Études de torse et de bras.*

Deux dessins à la mine de plomb, crayon noir et rouge.
Estampille de la vente Delacroix, 1864.

269. — *Études de mains et de pieds.*

Deux dessins au crayon noir.
Estampille de la vente Delacroix, 1864.

270. — 1° *Composition allégorique.*

Dessin au crayon.

2° *Étude de bras.*

Dessin à la plume.
Estampille de la vente Delacroix, 1864.

271. — 1° *Torse d'Homme.*
2° *Étude de cavalier.*

Deux dessins au crayon noir.
Estampille de la vente Delacroix, 1864.

272. — *Deux dessins au crayon noir et rouge : Études de jambes et du bassin.*

Estampille de la vente Delacroix, 1864.

273. — 1° *Etude de bras.*
2° *Femme assise.*
3° *Homme couché.*

Trois dessins à la mine de plomb.
Estampille de la vente Delacroix, 1864.

274. — 1° *Etude de jambes.*

2° *Soldats combattant.*

Deux dessins à la mine de plomb.
Estampille de la vente Delacroix, 1864.

275. — *Composition pour « le Dante ».*

Dessin au crayon noir.
Estampille de la vente Delacroix, 1864.

276. — *Deux feuilles de croquis à la mine de plomb.*

Estampille de la vente Delacroix, 1864.

277. — 1° *Étude de draperie. Buste de Femme.*

Dessin au crayon noir.

2° *Étude de muscles.*

Dessin au crayon rouge et noir.
Estampille de la vente Delacroix, 1864.

278. — *Étude de bras, de jambes et de clavicules.*

Deux dessins à la mine de plomb et au crayon rouge.
Estampille de la vente Delacroix, 1864.

279. — 1° *Homme écrivant.*

2° *Cinq croquis.*

Dessin à la mine de plomb.
Estampille de la vente Delacroix, 1864.

280. — 1° *Buste d'Homme.*

2° *Dessin pour « l'Enfer » du Dante.*

Deux dessins à la mine de plomb.
Estampille de la vente Delacroix, 1864.

281. — 1° *Étude de muscles.*

Dessin à la sépia.

2° *Homme couché.*

Dessin à la mine de plomb.
Estampille de la vente Delacroix, 1864.

282. — *Études d'anatomie : Muscles extenseurs.*

Deux dessins à la mine de plomb et au crayon rouge.
Estampille de la vente Delacroix, 1864.

283. — *Étude des muscles de la jambe.*

Deux dessins au crayon rouge et noir.
Estampille de la vente Delacroix, 1864.

284. — *Études d'anatomie.*

Trois dessins au crayon rouge et noir.
Estampille de la vente Delacroix, 1864.

285. — *Études d'anatomie.*

Deux dessins au crayon rouge et noir.
Estampille de la vente Delacroix, 1864.

286. — *Études d'anatomie.*

Quatre dessins au crayon noir, à la mine de plomb et au crayon rouge. L'un des dessins est daté : *9 8bre 55. Dieppe.*
Estampille de la vente Delacroix, 1864.

287. — *Croquis d'anatomie.*

Quatre dessins à l'encre, à la mine de plomb et au crayon rouge et noir.

288. — *Études d'anatomie.*

Six feuilles.
Dessin à la mine de plomb.

289. — *Études d'anatomie.*

Sept feuilles.
Dessin à la mine de plomb et au crayon rouge et noir.

290. — *Motifs de décoration et d'architecture.*

Six feuilles.
Dessin à la mine de plomb.
Estampille de la vente Delacroix, 1864.

291. — *Études de muscles.*

Deux feuilles.
Dessin au crayon rouge et noir.
Estampille de la vente Delacroix, 1864.

292. — *Deux feuilles :*

1° *Études de bras.*
Dessin au crayon rouge et noir.
2° *Étude de mains.*
Dessin au crayon noir.
Estampille de la vente Delacroix, 1864.

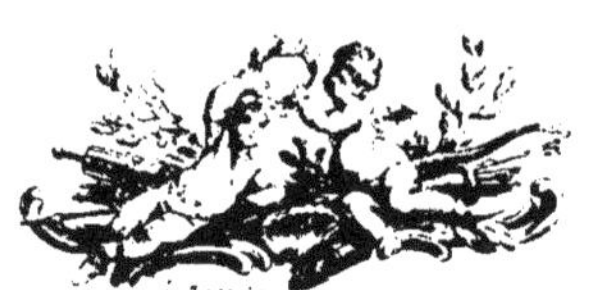

158. Dessin, Piéta (sur toile)
2 Suzanne surprise (Terre Cuite)
163. Dessin des enfants de Carpeaux dormant. à acheter [illegible]
35 Bacchante aux vignes. Buste terre Cuite. Retrospective 1900
23 Groupe. de la Tempérance (Terre Cuite) (La Trinité)
43 bis. Bacchante avec lauriers
Terre Cuite Original ayt servi de
modèle pr la fonte.
4 La ville de Valenciennes défend la patrie Platre
5 Femme couchée - Crayon noir & blanc. Centennale.
39 Rieur Napolitain (Pendant du 40.)
l'oeuvre dont j'ai le beau dessin Platre original
40 Rieuse Napolitaine Pendant du 39
13 Projet pr une statue de la Ville de Valenciennes. Platre
28 Chevaux et taureaux (Dessin pr le gd dessin de Valenciennes)
6 La Palombella au collier. Buste. Platre.
7 Portrait de Vaudremer Platre
2 Projet de décoration pr l'hôtel de Ville de Valenciennes
0 Espiègle - Platre.
La Palombella Buste Platre
4. Flore (Platre)
8. Pt de Mr Chardon Lagache. Platre. Expo B Arts.
6 Etude pr le portrait du Prince Impérial (Platre)
1 La France Impériale éclairant le monde. Platre (Pavillon de Flore)
0 Pt de Mme Expo Ec B Arts
8. Rieuse Napolitaine. Buste bronze (Va avec 47)
1 La Toilette Bronze.
05. Accablement. Terre Cuite.
1 L'amour désarmé (Pt Mlle Fiocre) Bronze - Platre aux arts Décoratifs
7 Rieur napolitain - Buste Bronze (Va avec 48.
1 Buste Bronze Rieur Napolitain. Buste bronze
4. Paul et Virginie Platre. Variante au Louvre.
7 Le petit boudeur (Platre)
2. Ste famille Platre. Etude pr un groupe p la Trinité.
4. Bacchante riant (Buste) Etude pr la Danse.
22 (Esquisse) Le Prince Impérial au Chapeau (Platre)
5 L'enfant au cor. Statuette. Platre. une des dernières oeuvres
0 Ecritoire.
08. Trait d'union - Groupe - Terre Cuite
4 Femme endormie Terre Cuite.

112 Petit génie Esquisse. Platre.
95. Jeune fille Terre Cuite. Etude pr la Jeune fille à la coquille.
110 Suzanne Surprise - Terre Cuite.
28 Rieuse napolitaine - Modèle bronze.
52. Chinois Modèle Bronze. Réduction.
19 Pêcheur napolitain Modèle bronze Réduction
53 Négresse. Modèle Bronze Réduction.
15. Le Génie de la Danse. Modèle bronze
138. Copie grisaille d'ap le Corrège (Londres.)
128. Coucher de soleil. Paysage. Toile à ...
56 Bacchante aux roses. Modèle bronze. Réduction
73. Maternité. L'enfant malade. Bronze Cire perdue
3. Jeune mère. Platre original. Louvre.
90. Trait d'union. Groupe Cire perdue.
70 Frileuse. Modèle bronze.
131. Paysage Italien. Toile. Etude de Rome
191 Pastel. Pt de Mr X.
140 Bal aux Tuileries. 1867. Toile.
130 Chevaux dans la Campagne Romaine Peinture
154 Falaises bretonnes. Toile.
129. Tête d'homme Toile sur Carton.
59. Le Printemps. Modèle bronze. Musée Copenhague.
54 Bacchante aux roses. Modèle bronze.
119. La Danse. Ap le groupe en plâtre. Un f teinté.
17 La pêcheuse de vignots. Modèle bronze.
41. Pt de Alex. Dumas fils. Platre (Réduction)
20 Flore accroupie. Modèle bronze. Le platre musée de Copenhague
132. Descente de + d'ap (Rubens. Peinture
127. Peinture. Vase Roses blanches (à acheter)
124 (Beau à acheter?) Tête d'Italienne. Toile.
126 Mise au tombeau Toile.
46 Le génie de la Danse. Buste. Platre. Variante
93. Femme assise méditant. Platre original.
34 Portrait de Mlle Fiocre. Platre. Réduction
77 Les 4 parties du monde. Fontaine Luxembourg. Platre
30. Pt de la Duchesse de Mouchy. Platre Réduction
116 Grenadier Platre - musée de Copenhague
76 Extase. Terre cuite. Expo Ec des B Arts.
32 Chinois Platre original Réduction.
71 La Danse. Groupe Platre. Platre original Louvre
31 Négresse. Platre (Pourquoi naître esclave?) Réduction
96 Rêveuse - Terre Cuite

www.ingramcontent.com/pod-product-compliance
Ingram Content Group UK Ltd.
Pitfield, Milton Keynes, MK11 3LW, UK
UKHW021823190726
13853UKWH00003B/1147

9 782329 588834